現代マーケティング入門

編著 菊池宏之
Kikuchi Hiroyuki

同文舘出版

＜執筆分担（執筆順）＞

菊池　宏之（東洋大学経営学部教授）　　　　　　　　1章，2章，3章，10章，12章，14章
井上　綾野（目白大学経営学部専任講師）　　　　　　4章，5章，13章
堂野崎　衛（埼玉学園大学経済経営学部准教授）　　　6章，7章
河田　賢一（沖縄国際大学産業情報学部准教授）　　　8章
横井のり枝（流通経済大学流通情報学部専任講師）　　9章
大崎　恒次（専修大学商学部専任講師）　　　　　　　11章
住谷　　宏（東洋大学経営学部教授）　　　　　　　　15章

はしがき

　本書は，大学の学部学生やはじめてマーケティングの実務に携わる方々を主たる読者と想定した入門書です。入門書であると言っても，本書でマーケティングに関する知識が得られると共に，より深くマーケティングに関して学ぼうとする場合の，基礎的な知識の修得を念頭においております。

　マーケティングとは，企業における市場創造活動であると理解することが出来ます。言い換えれば，標的とすべき顧客層を明確化し，それら顧客層に評価される製品・サービスを開発したうえで，標的となる顧客層が購入するために利用する流通業者に至るまでの全工程を，市場創造の視点から展開する企業活動であることを意味しています。それゆえ，マーケティングの対象は広範囲にわたることを意味しておりますし，それぞれのマーケティングに関わる内容は細分化し，専門化する特性を有しています。

　ここで，マーケティング内容の細分化・専門化を考えると，企業を取り巻く経営環境が大きく変化することを意味しています。そのことは，企業間の競合関係が厳しくなることや，標的となる顧客層の変化によって企業が展開していたマーケティングが，条件不適合を生じさせることを意味しております。言い換えれば，企業を取り巻く経営環境変化に対して，既存のマーケティングでは十分な成果を得ることが困難であることを意味しています。

　それらの前提に対して本書は，以下のような意識をもって構成されております。本書では，マーケティングの基礎知識が学べることを目的としておりますが，それら細分化・専門化された領域全体を網羅することはページ数を考えても困難になっております。そこで，伝統的なメーカー視点でのマーケティングを前提にした体系化に則り，企業活動の根底にある基本的な考え方や論理を主体にまとめるように取り組みました。さらに，近年における情報化の進展を前

提にした経営環境の変化に対応するものとして,新たなマーケティング展開の動向に関しても基礎的内容の章を設定しました。

　本書は,マーケティングを研究し教育する立場にあると共に,それぞれ執筆担当章の研究分野に携わる研究者を主体に執筆し,誕生しました。その意味では,本書がマーケティングの入門書として学生やビジネスに携わる方々にとって,さらに深くマーケティングを学びたいと考える契機になれば望外の幸せです。

　本書の企画は,東洋大学経営学部の住谷宏教授の発案と章構成案を受けて,推進されました。まさに,住谷宏教授無くしては日の目を見ることは無かったと心より感謝しております。最後に,本書の制作をご担当いただいた同文舘出版株式会社編集局長の市川良之氏には,辛抱強くスケジュール管理をしていただきましたことを感謝致します。

　2013年8月

編著者　菊池　宏之

目　次

はしがき ―――――――――――――――――――――――(1)

第1章　マーケティングの視点 ―――――――――――――3

1. マーケティングの誕生と定義の変遷 ………………………4
   (1) マーケティングの誕生　4
   (2) マーケティングの定義と変遷　6
2. マーケティング・コンセプトとその変遷 …………………10

第2章　戦略的マーケティング入門（1）―――――――――15

1. 経営戦略 ……………………………………………………… 16
   (1) 戦略とは　16
   (2) 経営戦略と戦略策定　16
   (3) 経営戦略の策定　17
2. マーケティング戦略と進化 ………………………………… 19
   (1) マーケティング要素展開戦略　19
   (2) マネジリアル・マーケティング戦略　20
   (3) 戦略的マーケティング　21
3. マーケティング戦略の構築 ………………………………… 23
   (1) マーケティング戦略の構築　23
   (2) 標的市場の設定　24

第3章　戦略的マーケティング入門（2） ——————29

1. 戦略的マーケティング入門 ………………………………… 30
   (1) 戦略的マーケティングとは　30
   (2) 経営環境の把握　31
2. 基本戦略と市場の地位別戦略 ……………………………… 34
   (1) ポーターの競争戦略　34
   (2) 市場地位別戦略　37

第4章　消費者行動論入門 ——————41

1. 消費者と消費行動 …………………………………………… 42
   (1) 消費者とは　42
   (2) 消費とは　43
2. 認知的な側面を重視したアプローチ ……………………… 44
   (1) 刺激反応型モデル　44
   (2) 消費者情報処理モデル　45
   (3) 精緻化見込モデル　48
3. 感情的な側面を重視したアプローチ ……………………… 49
   (1) 感情的な側面を重視した消費者行動研究の系譜　49
   (2) 消費経験論　50
   (3) 消費経験論と快楽消費研究　50
   (4) 経験価値マーケティング　51
   (5) 消費者行動研究における新たな潮流　53

第5章　マーケティング・リサーチ入門 ―― 57

1. マーケティング・リサーチのデータと手法 ……………… 58
    (1) マーケティング・リサーチとは　58
    (2) 調査主体によるデータの種類　58
    (3) 一次データの種類と調査手法　59
    (4) 二次データの種類　60
    (5) 収集されたデータの形式に基づく分類　61
2. 定性調査 ……………………………………………………… 62
    (1) 定性調査の目的　62
    (2) 観察調査の概要とその手順　63
    (3) 深層面接法・グループインタビューの概要とその手順　64
3. 定量調査 ……………………………………………………… 66
    (1) 定量調査の目的　66
    (2) 実査（アンケート調査）の手順　68
    (3) 代表的な分析手法　71

第6章　マーケティング・マネジメント入門 ―― 75

1. マーケティング・マネジメントの考え方 ………………… 76
    (1) マーケティング・マネジメントの理解　76
    (2) マーケティング・マネジメントの概念　77
2. マーケティング計画 ………………………………………… 78
    (1) マーケティング計画の策定プロセス　78
    (2) 企業理念・目標　80
    (3) 市場環境要因の分析　80
    (4) マーケティング目標の設定　85
    (5) STP戦略　86

（6）マーケティング・ミックスの開発　87

第7章　製品戦略入門 ——————————————— 89

1. 製品戦略とは何か ……………………………………………… 90
　（1）製品の概念　90
　（2）製品の分類　92
　（3）製品ミックス　93
2. 製品計画 ………………………………………………………… 94
　（1）新製品開発のタイプ　94
　（2）新製品開発のプロセス　95
　（3）普及理論　98
　（4）計画的陳腐化　99
　（5）製品ライフサイクル　100
3. ブランド戦略 ………………………………………………… 102
　（1）ブランドの意義　102
　（2）ブランドの分類　103
　（3）ブランド構築の重要性　104

第8章　価格戦略入門 ——————————————— 107

1. 価格の意義 …………………………………………………… 108
　（1）価格の重要性　108
　（2）マーケティング・ミックスの中における価格　108
2. 価格の決め方 ………………………………………………… 109
　（1）価格の決定方法　109
　（2）損益分岐点　109
　（3）需要の価格弾力性　111

3. 価格戦略 …………………………………………………………112
   (1) 小売業における価格戦略　112
   (2) メーカーにおける価格戦略　115
   (3) 価格における問題　116
4. 競合における価格戦略 …………………………………………117
   (1) 競合・代替品の価格　117
   (2) 競合からの価格競争への対応　118
5. インターネットの普及が及ぼす価格戦略への影響 …………119

第9章　プロモーション戦略入門 ──────────── 123

1. プロモーションとは ……………………………………………124
   (1) 広　告　124
   (2) セールス・プロモーション　127
   (3) パブリック・リレーションズ　128
   (4) 人的販売　129
   (5) その他　130
2. プロモーション戦略 ……………………………………………131
   (1) 戦略立案　132
   (2) 統合型マーケティング・コミュニケーション　134
   (3) 評価測定　134
3. 国際プロモーション戦略 ………………………………………135

第10章　ネット活用のプロモーション戦略入門 ──────── 139

1. 通信ネットワークの発展 ………………………………………140
   (1) 通信ネットワークの発展によるバーチャル世界の出現と進展　140
   (2) ネット活用のマーケティング展開が注目される理由　142

（3）ウェブによるプロモーション戦略　144

　2．ネット活用（ウェブ・マーケティング）のプロモーション …144

　　（1）ネット活用によるプロモーション展開の全体構成　145

　　（2）ネット活用による効果的プロモーションの展開　146

　　（3）ウェブ・マーケティングとネット活用のプロモーション戦略の多様化　147

　3．ネット活用のプロモーション推進の留意点 …………………………149

第11章　チャネル戦略入門 ─────────────────153

　1．チャネル組織化の意義 ……………………………………………154

　　（1）直接流通か間接流通か　154

　　（2）チャネル戦略の基本問題　154

　　（3）チャネル・デザインの意思決定課題　155

　2．チャネル・デザインと管理 ………………………………………158

　　（1）チャネル・デザインの基準　158

　　（2）パワーと依存度　162

　　（3）建値制とリベート　163

　3．高集中度販路時代のチャネル戦略 ………………………………164

　　（1）パワー関係の変化に伴うチャネル戦略の見直し　164

　　（2）製販連携①（提案型営業）　164

　　（3）製販連携②（製品開発による連携）　165

第12章　物流戦略入門 ─────────────────────167

　1．企業経営で重要性が高まる物流活動 ……………………………168

　　（1）企業経営における物流の発展　168

　　（2）物流が注目される背景と企業経営における物流活動の重要性　169

　2．消費形態の変化に伴う生産・流通活動の変化 …………………171

(1) 生産と消費の変化〜投機型から延期型への転換〜　171
　　(2) 延期型に伴う多品種化と多頻度少量配送の定着化　172
　3. 多頻度少量配送システムの構築 …………………………………174
　　(1) 多頻度少量配送システムの構築　174
　　(2) 多頻度少量配送定着化による変化　177
　4. サプライチェーン・マネジメント …………………………………178
　　(1) サプライチェーン・マネジメントにおける物流の重要性　178
　　(2) 小売業主体のサプライチェーン・マネジメントの構築　179

第13章　サービス・マーケティング入門　　　　　　　　183

　1. 製品としてのサービス ……………………………………………184
　　(1) モノとサービス　184
　　(2) 属性面から見たサービス特性　185
　　(3) 対象と行為の本質に基づくサービス分類　186
　　(4) サービス・マーケティングの7P　188
　2. サービスと顧客 ……………………………………………………190
　　(1) サービス企業と顧客　190
　　(2) 顧客の獲得　190
　　(3) 顧客のサービス生産への参加　191
　　(4) サービスにおける顧客満足　191
　3. サービスとサービス提供者 ………………………………………192
　　(1) サービス企業とサービス・トライアングル　192
　　(2) サービス提供者（従業員）の役割　193
　　(3) サービス提供者の技能とサービス・デリバリー・システム　193
　　(4) 従業員満足　194
　4. サービス・マネジメント・システム ……………………………194

第 14 章　ダイレクト・マーケティング入門 ──────199

1. ダイレクト・マーケティングとは …………………………200
   (1) ダイレクト・マーケティングの発生　200
   (2) ダイレクト・マーケティングの本質と企業経営における意味　201
   (3) ダイレクト・マーケティングの捉え方　203
2. 代表的ダイレクト・マーケティング …………………………204
   (1) マイレージ・サービス・プログラム　204
   (2) フリークエント・ショッパーズ・プログラム　207

第 15 章　これからのマーケティング ──────211

1. エシカル消費と企業の社会貢献 ……………………………212
   (1) 増加する企業の社会貢献活動　212
   (2) エシカル消費　214
   (3) 企業の社会貢献の変貌　215
2. マーケティング 3.0 …………………………………………218
   (1) マーケティング 3.0 の 3 つのマーケティング　218
   (2) 企業のミッション，ビジョン，価値のマーケティング　220
   (3) マーケティング 3.0 の 10 原則　222
3. マーケティングと価値の統合 ………………………………223
   (1) エシカル消費，企業の社会貢献，マーケティング 3.0　223
   (2) マーケティングと価値の統合へ　223

索　　引 ──────────────────────227

現代マーケティング入門

第1章

マーケティングの視点

本章のねらい

　マーケティングという概念そのものは，生成以来100年程度の比較的新しい概念である。また，わが国でマーケティングの概念が浸透し始めてから，約60年が経過し，日本国内の企業，中でも中小企業においてはマーケティングの目的や機能がいまだに十分理解に至っていない現状もある。

　マーケティングとは単なる「調査」や「情報収集」ではなく，さらに「売るためだけに開発された手法」のみではない。現在急速なIT技術の発展により，それは消費者の購買行動や購買の在り方，あるいは商流や製品そのものの在り方が多様化していると言え，マーケティング環境も著しく変化している。しかしながら，マーケティング環境が変化しても，マーケティングの基本的視点が大きく変化することはないので，まずはマーケティングの定義を整理し改めて理解を深めることを目指す。

　マーケティング活動の展開にあたってのコンセプトは，時代と共に変化する必要が高まっている。以前は，製品を前提にして生産活動における独自の技術を有効活用することに力点を置いた「生産・製品志向」さらには，実売活動や販売促進活動に力点を置いた「販売志向」といったコンセプトが一般的であった。しかしながら，現在は市場の変化，消費者ニーズの多様化などもあり，「顧客志向」あるいは「社会志向」のマーケティング・コンセプトが前提となっていることもあり，マーケティング・コンセプトの変遷を整理し理解を深めることを目指す。

キーワード

マーケティング定義，マーケティング・コンセプト，生産志向，製品志向，販売志向，顧客志向，ソーシャル・マーケティング志向

1. マーケティングの誕生と定義の変遷

(1) マーケティングの誕生

　今日のわが国においては，マーケティングという言葉を耳にしたことのない大学生，ましてや実務家はいないと思われるほど，マーケティングという言葉は身近な存在になっている。では，如何にしてマーケティングという言葉が，これほどに定着してきたかに関して学んでいく。

① マーケティングの誕生
　マーケティングは，1900年代に米国で発生し発展してきた学問分野[1]である。マーケティングという言葉がはじめて使われたのは，1902年のミシガン大学（米国）での学報であり，その後1905年にペンシルバニア大学で"Marketing of Produce"の科目が，1909年にピッツバーグ大学で"The Marketing of Product"の科目が，続いて1910年にはウイスコンシン大学で"Marketing Method"の科目が開講されており，マーケティングが誕生してから100年以上経過している。それまでの米国では，TradeやCommerceと言う言葉が使われていたのであるが，新たにマーケティング講座が開講された。
　ここで，MARKETを英和辞典で調べると，「市場」という名詞の意味のほかに，「市場で売りさばく」という動詞の意味がある。Marketingは，この動詞にingを付けて，動名詞化したものであり，20世紀の初頭に初めて登場した。その背景には，企業が市場を従来とは異なる視点で捉えなおす必要性があったと考えられる。それは，ゴールド・ラッシュを契機として国内消費市場が交通インフラの整備に加え，新聞・雑誌・テレビ・ラジオなどの消費者へ情報提供の充実などを契機に，全米的な市場拡大時期から消費生活を支える必需品の供給が充足された。それらの背景もあり，消費者による選択的欲求が拡大したこ

となどから，需給バランスの変化によって販売不振となり，対応策として販売拡張策の展開が必要になったことにある。

　マーケティングは，市場において組織が生き残っていくには，顧客の求めているものを分析しそれらを満たすための活動が必要になり，組織としての顧客ニーズを充足するための創造的適応活動を総称したものである。

②　わが国へのマーケティングの導入

　わが国においてマーケティングという概念が導入されたのは，米国でのマーケティング概念の草創期から約50年が経過した，第二次世界大戦後である。戦後の復興が目覚しく進展し，1955年に日本生産性本部のアメリカ視察団の団長であった石坂泰三（東芝会長）が，記者会見で「顧客をなによりも大事に考える米国の経営を見ると，日本ではマーケティングが少し遅れているように思われる」と報告したことが契機になり，わが国でもマーケティングの必要性が注目された。

　しかし，わが国では配給論が一般化していたこともあり，直ちに普及することはなく，1965年頃に「マーケティング講座」「体系マーケティング・マネジメント」等の企業の市場活動に関する紹介文献などを契機に，次第に普及していった。以降，今日に至るまで，マーケティングは企業活動にとって不可欠な視点として重視されてきた。

　しかし，言葉としてのマーケティングは身近であるものの，実務の世界では担当業務の範囲の関係で，断片的に捉えていたり，誤って捉えていたりしている実務家は多いようである。マーケティングは，枠組みや課題としての企業活動として実践され，企業経営のキーファクターとして位置付けられてきているものの，マーケティングと言う言葉自体が独り歩きしている点も指摘できる。マーケティングとは単なる「調査」や「情報収集」ではなく，また「売るためだけに開発された手法」ではない。

　ここではまずは，マーケティングの定義を整理し理解を深めていく。

(2) マーケティングの定義と変遷

　マーケティングについて，最も広く知られているフィリップ・コトラーの定義によれば，『マーケティングとは，充足されていないニーズや欲求を突き止め，その重要性と潜在的な収益性を明確化して評価し，組織が最も貢献できる標的市場を選択した上で，当該市場に最適な製品，サービス，プログラムを決定し，組織の全成員に顧客志向，顧客奉仕の姿勢を求めるビジネス上の機能である[2]』としている。

　この定義は，学者や団体によっても異なるものの，売買・物々交換に関係した幅広い概念である。社会経済学やマクロ経済学の立場からは，より広義に「消費者と供給者の間の交換」であるとか，「社会に対する生活水準向上活動」といった定義も行われている。なお，その究極的な目的については，経営学の大家であるピーター・ドラッカーが述べた「セリング（単純なる販売活動）をなくすことである」という考え方が代表的である。具体的なマーケティング戦略は，その時代・市場により，最適なものは異なっている。

　マーケティングに関する定義は数多くあるのみではなく，市場を対象にしており，時代や環境の変化と共に変化し研究対象も拡張している。また，定義は言葉による規定であるために過不足があり，大きく括れば抽象的であり具体的に述べると他を切り捨ててしまう。そのような点を前提に，アメリカマーケティング協会（American Marketing Association：以下AMAと言う）の定義を解説していく。

① AMAの定義

（i）1935年の定義（AMAの前身である全米教師協会の定義）は，"Marketing includes those business activities involved in the flow of goods and services from production to consumption." 訳すと，「マーケティングとは，生産から消費に至る財とサービスの流れに関連する諸活動」になる。

　これは，生産地点と消費地点の間に物財やサービスが流れているという構図であり，それに関する諸活動であると定義している。「流通」に近い視点であり，

個別の流通業者の問題で無く，流通機構が制度的に社会に貢献していると言った視点である。

(ⅱ) 1960年の定義では，"(Marketing is) the performance of business activities that direct the flow of goods and services from producer to consumer or user." 訳すと，「(マーケティングは) 生産者から消費者あるいは利用者に，商品およびサービスの流れを管理する企業活動の遂行」になる。

このことは，生産者から消費者または利用者への商品およびサービスの流れを指揮する企業活動の遂行を意味している。なお，ここで注目すべきは，生産地点と消費地点の間に物財やサービスが流れているという構図は変わらないものの，その流れを管理するとなると，市場調査や需要予測，価格設定，広告や販売促進やアフターサービスなども重要な要素になっている。それらを調整し統合化するために経営的な意思決定が求められ，企業経営者的なマーケティング研究がマネジリアル・マーケティングとよばれている。

(ⅲ) 1985年の定義では，"(Marketing is) the process of planning and executing the conception, pricing, promotion, and distribution of ideas, goods and services to create exchanges that satisfy individual and organizational objectives." 訳すと「(マーケティングは) アイデア，商品やサービスの概念化，価格設定，促進，流通を計画し実施する過程であり，個人や組織の目的を満足させる交換を創造するもの」となる。

このことは，マーケティングは個人や組織の目的を満足させる交換を創造するためのアイデア，財（製品），サービスの概念形成，価格設定，プロモーション，流通を計画し，実行する過程とされており，組織の目的という語句が使用されたことにある。

この定義は長いので，その特徴を見ると，モノとサービスにアイデアを付けくわえたことであり，そのアイデアを具体的に製品に生かすことである。次の計画し実行するは，計画⇒実行⇒統制を柱とするマネジメント・サイクルに沿っている。個人や組織の目的を満足させるは，何れも消費者であると考えると顧客満足の思想がこめられており，マーケティングにおける中心的な理念であると理解出来る。最後に，交換と創造と言う重要な概念が述べられており，近年

のマーケティングでは交換を「価値創造過程」として重要視している。

「個人や組織の目的を満足させる交換の創造」,「アイデア，商品やサービスの」という表現でマーケティングの範囲の拡張が確認できる。

(iv) 2004年の定義では，"Marketing/ an organizational function and a set of processes for creating, communicating, and delivering value to customers and for managing customer relationships in ways that benefit the organization and its stakeholders." 訳すと「マーケティングは顧客に価値を創造し，伝達し，引き渡すための，また組織やそのステークホルダー（利害関係者）を益するやり方で顧客関係を管理するための，組織的機能であり，また一連の過程である」となる。

これらから，マーケティングとは顧客価値を創造・伝達・提供し，組織とそのステークホルダーの双方を利する形で，顧客との関係性を管理するための組織機能と一連のプロセスのことを指しているものである。あらたな言葉として，ステークホルダー，顧客関係の管理，価値と言った語句が使用されている。特徴しては，従来の組織（企業）と個人（顧客）との相互満足の創造から，マーケティングに関与する利害関係者（顧客，株主，従業員，取引先，地域住民，投資家，金融機関，政府など）を広く意識し，リレーションシップ（関係性）を重視するようになっている。特に，組織の顧客関係管理（CRM）を重視するようになった。また，従来のマーケティングは組織が作り出す製品やサービスにかかる企業活動の一部を指したが，新定義では組織の機能・プロセスなど一連の活動を指している。

(v) 2007年の定義では，"Marketing is the activity, set of institutions, and processes for creating, communicating, delivering, and exchanging offerings that have value for customers, clients, partners, and society at large." 訳は，「マーケティングとは，顧客，依頼人，パートナー，社会全体にとって価値のある提供物を創造・伝達・配達・交換するための活動であり，一連の制度，そしてプロセスである」。

これらから，マーケティングとは顧客やクライアント，パートナーさらには広く社会一般にとって価値のあるオファリングスを創造・伝達・提供・交換す

る為の活動とそれに関わる組織・機関及び一連のプロセスのことを指している。使用言語の変化を見ると，ステークホルダーと言う言葉が消え，パートナー，社会全体という言葉が使用されている。マーケティングは組織や部門内では無く組織や会社レベルの行動であること，短期的な利益よりも長期的価値を提供するものと位置づけされた。

ここで特徴を確認すると，これまで何度も定義に使用されて来た「交換（exchange）」という言葉が採用されており，また「社会全体」という点を強調している点がある。それは，顧客関係や利害関係者といった言葉が除かれる一方で，交換，社会全体という言葉が用いられている点からも明らかである。

② 日本におけるマーケティングの定義

わが国におけるマーケティングの定義は，日本マーケティング協会（JMA）が1990年に設定したものであり，「マーケティングとは，企業および他の組織（ア）がグローバルな視野（イ）に立ち，顧客（ウ）との相互理解を得ながら，公正な競争を通じて行う市場創造のための総合活動（エ）である」とされている。

なお，ア～エは，（ア）教育・医療・行政などの機関，団体を含む。（イ）国内外の社会，文化，自然環境の重視。（ウ）一般消費者，取引先，関係する機関・個人，および地域住民を含む。（エ）組織の内外に向けて総合・調整されたリサーチ・製品・価格・プロモーション・流通，および顧客・環境関係などに関わる諸行動をいう，とされている。

まず「他の組織」であるが，一般的にマーケティング活動は，営利を追求する企業のための活動と捉えられているが，組織全般が行う活動を受益者（顧客，住民等）に最適化する，というマーケティングの基本的な概念には，「教育・医療・行政などの機関，団体」などを含んでおり，自治体やNPOなどの非営利組織にも適用できることから「他の組織」を定義に含めている。

次に，「グローバルな視野」であるが，マーケティング活動は一般的に，組織と顧客の関係構築の活動と捉えられるものの，顧客が意識している欲求（顕在ニーズ）に応える活動のみを行うのであれば，長期的な利益（環境保護など）

に反する可能性が発生する。そこで，顧客が意識していない欲求（潜在ニーズ）や，長期的に欲求に適応し続ける仕組みをつくるために，「グローバルな視野に立ち」が定義に含まれていることから，「国内外の社会，文化，自然環境の重視」を定義に含めている。それら実現化の過程において，組織側が一方的に顧客に押し付けるのではなく，顧客への啓蒙，理解を伴う必要があり，「相互理解を得」を定義に含めている。さらには，企業は利潤の実現化を目指しマーケティング展開を図るにあたって，合法・適正な企業活動が求められていることもあり「公正な競争」を定義に含めている。

次に，「市場創造」は，顧客（＝市場）の顕在化したニーズを満たすことにより既存市場の維持・拡大，さらには，潜在ニーズを探り出すことで新規市場を創造する企業活動である。

最後に，「総合的活動」とは，マーケティング活動は組織活動全体で取り組むものであり，組織の多くの部門が関わる活動であるとし，「組織の内外に向けて統合・調整されたリサーチ・製品・価格・プロモーション・流通，および顧客・環境関係などに係わる諸活動」を含めている。

以上を考慮すると，「マーケティングとは市場創造である」と表現できるものの，マーケティングに関わる経営環境の変化に対応すべく，その他の多くの注釈的部分が追加されることにより，定義が拡張されてきている。

2. マーケティング・コンセプトとその変遷

ここで，マーケティングに関して理解を深めるために，マーケティング・コンセプトの変遷を確認していく。マーケティング・コンセプトとは，言葉の通り，マーケティングを行う上での考え方のことである。マーケティングという言葉が一般に定着する前から，企業の目標が「市場でより多くの製品を販売すること」であり，そのために目標を掲げ，どのようなスタンスで市場に相対するかを決める必要がある。具体的には「市場に対し創造的に適応するための目

標」や「広告,宣伝,販売などあらゆるマーケティング活動の方向付け」といったものがマーケティング・コンセプトである。

マーケティング・コンセプトは,企業の目標を達成するための考え方であることを考えると,顧客の需要充足度の高まりは顧客の新たな需要創造の必要が高まることを意味している。それは,企業経営における経営環境の変化を意味しており,マーケティング展開にあたっての考えが変わることを意味している。

その意味では,マーケティング・コンセプトは,企業活動の中心は顧客を創造し維持することだと考え,マーケティングを企業活動の中心的な機能に位置付ける考え方である。フィリップ・コトラー[3]による定義では「選択した標的市場に対して競合他社よりも効果的に顧客価値を生み出し,供給し,コミュニケーションすることが企業目標を達成するためのカギとなる」と指摘されている。その意味では,企業が全組織的に持つべき市場に対する理念である。言い換えれば,売りたい「物財・サービス」を売れる「商品」に変える考え方であると理解できる。コンセプトは,①ターゲットの設定をどうするか,②ターゲットに対して「物財・サービス」が提供する便益は何か,③便益となり得る要件は何か,の3つの要素から構成されると考えると理解し易い。

マーケティング・コンセプトは,「生産志向」,「製品志向」,「販売志向」,「顧客志向」そして「ソーシャル・マーケティング志向」と変遷しており,市場に対する認識・接近法である。マーケティング・コンセプトの最初の段階は企業視点の考え方である。

① 生産志向

高度経済成長時代は,需要量に対して供給量が過不足状態にあり,需要量を満たす生産力が評価基準におかれ,生産性の向上がマーケティング上の競争優位の要件となる。言い換えれば,「作れば売れる」という状況である。

米国においては,T型フォードが登場した1900年代であり,わが国では,「3C（カラーテレビ,クーラー,カー）」と言われた1960年代に相当すると言える。

② 製品志向

　企業の生産性の向上に伴い，供給量が需要量を満たすことが可能になる段階では，顧客は製品を相互に比較することによって購買決定することになり，「良い商品を作れば売れる」という考え方である。そのことは，企業は従来に比して高性能・高機能な製品の開発力を高めることが競争優位の決定要因となる。

③ 販売志向

　企業の生産性が高まることにより，供給量が需要量を上回ることになり，企業は販売量が伸びず結果的に，過剰在庫を抱えるようになった。そこで，企業としては，如何に販売力を高めるかが重要度の高いマーケティング課題になる。そこでは，顧客のニーズに関わらず販売力を高めた企業が優位性を確保することになる。その意味では，この時期までのコンセプトは，企業視点にたった「プロダクトアウト」であると言える。

④ 顧客（マーケティング）志向

　企業主体の生産活動により，目標とする販売量の確保を図ることが困難になってきたことで，「作れば売れる」状況は過去のものになった。そこで，マーケティング展開の主体を企業主体から，顧客に重きをおいた視点で推進することになってきている。

　それは，販売志向時代では必ずしも需要のないところに売ることが前提なので，早い段階で限界になると考えられる。そのため，顧客のニーズを調査し，ニーズに対応した商品を生産し販売するという考えが必要になってくる。一般的にマーケティングとして理解されているものは，これら顧客（マーケティング）志向のことを指している。その意味では，この時期以降のコンセプトは，顧客視点にたった「マーケットイン」への転換が前提にあると言える。

⑤ ソーシャル・マーケティング（社会）志向

　顧客である消費者が物質的に一定程度満たされてくると，消費は停滞していく。さらに，社会問題として環境破壊などによりそれら意識が高まることで，

消費そのものに対する見直し意識が高まってくる。その意味では，企業や組織と顧客との関係だけではなく，消費者の属する社会全体に対する視点が必要になってきている。

　そのような時代においては，顧客の満足充足に加え社会全体の利益や福祉の向上を考慮しながら，長期的な視点に立ってマーケティング展開を図ることが求められることになり，重要な評価基準になる。わが国における今日の状況は，この段階にあると考えられ，日用品などにおいては「値段が変わらないならば，多少高くても環境に優しい商品を買おう」などの消費者行動が顕在化してきている。このような時代背景にあり，付加価値の高い商品であることのみでは十分な評価を得ることは困難になり，それら商品を購入する消費者の社会的な役割や関係を考えて提案することを，企業マーケティングの優先順位にすることが求められている。

【課題レポート】

① マーケティングの定義において，その対象範囲が拡張している理由について，定義の改定時期ごとに論じなさい。

【復習問題】

① マーケティング・コンセプトが，企業から顧客そして社会的と視点を拡張してきた背景に関して説明しなさい。
② 社会的視点の小売業の仕入物流の変遷に関して，契機になる主要要因を述べなさい。

＜注＞
1) 和田ほか〔2012〕。
2) Kotler, et al.〔2006〕p.7.
3) コトラー（訳書）〔2001〕．

＜参考文献＞
石井淳蔵・奥村昭博・加護野忠男・野中郁次郎〔1996〕『経営戦略論』有斐閣。
奥村昭博〔1989〕『経営戦略』日本経済新聞社。
コトラー，フィリップ（恩藏直人監修，大川修二訳）〔2003〕『コトラーのマーケティング・

コンセプト』東洋経済新報社。
コトラー，フィリップ（恩藏直人監修，月谷真紀訳）〔2001〕『コトラーのマーケティング・マネジメント』ピアソン・エデュケーション。
ジーマン，セルジオ（中野雅司訳）〔2000〕『そんなマーケティングならやめてしまえ』ダイヤモンド社。
田村正紀〔1998〕『マーケティングの知識』日本経済新聞社。
テドロー，R. S.（近藤文男監訳）〔1993〕『マス・マーケティング史』ミネルヴァ書房。
(社)日本マーケティング協会編〔2001〕『マーケティング・ベーシックス（第2版）』同文舘出版。
沼上　幹〔2008〕『わかりやすいマーケティング戦略　新版』有斐閣。
野村正樹〔2000〕『自分『商品化』計画』ブレインキャスト。
保田芳昭編〔1999〕『マーケティング論（第2版）』大月書店。
和田充夫，恩藏直人，三浦俊彦〔2012〕『マーケティング戦略（第4版）』有斐閣。
Kotler, P., L. Brown, S. Adam, S. Burton and G. Armstrong〔2006〕"*Marketing*", 7th ed., Pearson Education Australia,

第2章

戦略的マーケティング入門（1）

― 本章のねらい

　経営戦略に占るマーケティング戦略の重要性は，言うまでもなく「売上アップ」であり，これが経営の基本・根本である。縁起の良い話ではないが，企業にとって最悪の事態は事業の継続ができなくなることであり，いわゆる「倒産」になる。倒産の理由は多々あるものの，最大の原因は売上不振・不足になる。

　企業にとって最も重要なものの1つが利益になるが，その利益の源泉が売上であり，その売上を決めるのは顧客である。マーケティング戦略は，その「顧客」や，「売上」について適切に対応する部分になるので，企業経営にとって極めて重要な項目になる。「経営戦略」においては，「市場」の選択が1つの重要な意思決定となり，どの市場で戦うのか，新規参入・撤退など（M＆A，事業部売却などのドラスティックな方法もその手段となりうる）も含め，企業経営に大きな影響を与える。一方，マーケティング戦略は，顧客接点での比重が大きくなり，特定市場において独自資源を活用する前提の元で，顧客セグメントの決定，差別化戦略の策定などがマーケティング戦略の主要な役割である。

　本章では，マーケティング戦略の前提になる，企業戦略や経営戦略を学ぶことで，マーケティング戦略と進化およびマーケティング戦略構築の前提となる顧客の細分化設定に関して学ぶ。

キーワード

戦略，経営戦略，戦略策定，マーケティング戦略，マーケティング要素展開戦略，マネジリアル・マーケティング戦略，戦略的マーケティング，標的市場，市場細分化

1. 経 営 戦 略

（1） 戦 略 と は

　戦略とは，マーケティングの分野のみに関わらず，日常においても様々な場面で活用されていることもあるので言葉の意味を確認しておく。広辞苑によると「戦略とは，戦術より広範囲な作戦計画。各種の戦闘を総合し，戦争を全局面的に運用する方法。転じて，政治社会運動などで，主要な敵とそれに対応すべき味方との配置を定めることをいう。」と説明されている。これに対して「戦術とは，戦闘実行上の方策。一個の戦闘における戦闘力の使用法。一般に，戦略に従属。転じて，ある目的を達成するための方法。」と説明されている。
　解り易く言うと，戦略は他者との何らかの戦いにおいて，如何に戦うのかの全体を決める基本方針であると理解することができる。それら戦略を展開することで，他の競争手段に比較して優位になる（勝つ）可能性が高くなる理由が明確であることが必要になる。戦略を前提に考えた場合に，戦略的は，より広範囲で長期的な戦いで勝つことを志向しているので，設定された目標の実現化のために幾つかの要素を，長期的に調整することを含んでいると考えられる。長期的に調整すると言う前提には，従来には想定されない変化が発生することを意味している。
　その意味では，戦略的には競争他者への対応策と，経営環境変化に対する対応策の両面がある。以上を確認したので，次に経営やマーケティングにおける戦略に関して，確認していく。

（2） 経営戦略と戦略策定

　わが国の多くの企業は，社内に経営企画室，経営戦略部などといった戦略部

門を設置していることから，経営戦略の重要性を認識していると考えられる。古くはゼネラルスタッフとして組織の中枢部門の役割が求められ，長期経営計画の立案部門として，近年は経営戦略の立案部門としての役割が期待されている。このような取組みの背景には，近年における競争環境のグローバル化や技術の進歩は急激な速さで起こっており経営環境変化の影響が考えられる。そうしたなか，企業が持続的に存続・成長[1]することは容易なことではなく，企業は取り巻く経営環境に適応するために精緻に経営環境分析をし，それら分析を基に明確な方向性や目標を打ち出した上で，的確に実行することが求められている。それこそが経営戦略の策定と実行であり，その経営戦略に関わる経営戦略部門が近年ますます重要性を増している理由と考えられる。

　ここで，経営戦略を伊丹〔1984〕の記載から確認すると，「経営戦略とは，組織活動の基本方向を環境との代わりにおいて示すもので，組織の諸活動の基本的状況の選択と諸活動の組み合わせの基本方針の決定を行うもの」と説明されている。その中で，経営戦略は基本戦略と実行戦略に分類することが可能とし，「その成否が企業のパフォーマンスに深く影響するような戦略的決定が基本戦略，それを実行するためのゲームプランを考えるのが実行戦略である」と，戦略を影響の範囲や深さの程度によって二分類されている。

(3)　経営戦略の策定

　経営戦略の策定に関して嶋口〔1984〕を基に確認する。経営戦略の枠組から策定ステップを確認すると，第一に，自社の経営理念とそれを実現するための設定する目標が起点になる。経営理念は，自社が如何にありたいかを表現したものであり，例えば化粧品メーカーを前提として想定出来るのは「顧客の美と健康に貢献する」と言ったことが考えられる。目標は，これらの経営理念を実現化するために，実現可能な達成目標を設定することになり，例えば，化粧品の国内市場の売上シェアを何％アップするなど，具体的な数値として設定することになる。目標を設定したならば，それを実現するための方策の策定が必要になり，それら計画を策定するのが戦略策定である。設定した目標達成度を高

くするには，多様な視点から影響要因などを考慮することが必要になる。ここで考慮すべき視点として，自社の経営資源の強みや弱みを把握することと，事業を展開する経営環境から新たなビジネスチャンスと脅威を理解することが求められる。

　続いて，策定された戦略を推進するには，推進を可能とする組織的対応が前提になり，組織の管理システムに従って実行されることになる。期待成果が得られるのであれば，それら戦略を継続していくことになり，期待成果が得られなければ，その原因を探ることで原因に基づいて修正や新たな戦略への変更によって，戦略を実効あるものへと誘導することになる。

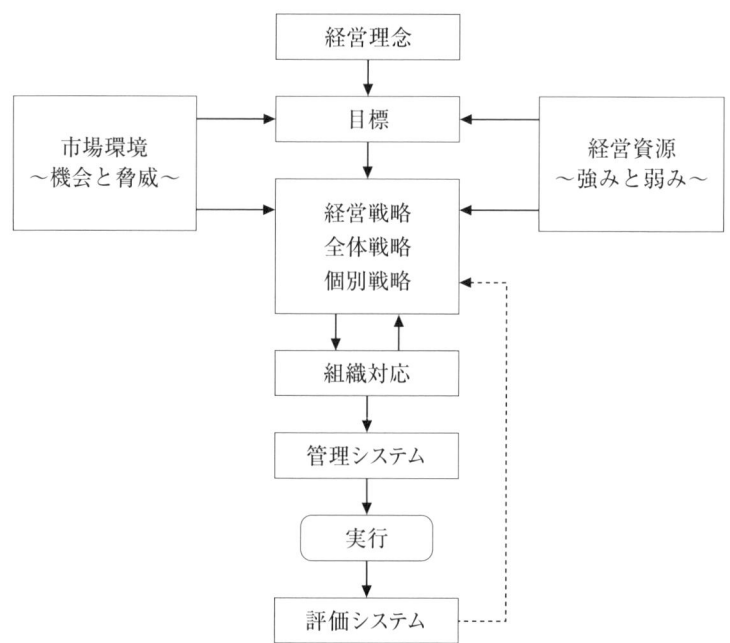

図表 2-1　経営戦略の枠組

出所：嶋口〔1984〕より作成。

2. マーケティング戦略と進化

　前節までで，経営戦略に関して理解出来たとし，次にマーケティング戦略に関して概観する。マーケティング戦略は，社会・経済的な状況に適切に対応することで，進化してきた。初期段階では，マーケティング要素展開戦略である4P個々の要素を，如何に高度化するかを検討することである。次の段階では，マーケティングの各要素を個別に検討する場合には，顧客にとって必ずしも統一感がないマーケティングが展開されることになり易い。そこで，それらを避けるために4P個々の要素を統合するマーケティングである，マネジリアル・マーケティング戦略展開になった。第三段階では，市場需要の成熟化の進展への対応と同時に，変化度合いの高さに適応する上で必ずしも十分ではない経営資源の最適配分を考慮する戦略的マーケティングの展開になってきている。以上の各段階に関して確認していく。

(1)　マーケティング要素展開戦略

　企業経営において，マーケティング戦略展開により経営目標である売上高や利益率の実現化を目指すことになり，如何なるマーケティング戦略の展開を図るかの検討が求められる。そこで，マーケティングの基本的な要素である4Pのそれぞれに関して策定されるのがマーケティング要素展開戦略になる。マーケティング要素展開戦略である4Pは，マーケティング各要素の頭文字を取って名付けられたもので，Product（製品），Price（価格），Place（流通），Promotion（プロモーション）の4つの要素の各戦略が基本になる。

　各要素の概略は，「何を売るのか？」という製品戦略を検討する場合には，「自社の売りたい製品を販売する」という視点ではなく，「ターゲットとする顧客が買いたい製品を開発する」には如何にすれば良いかを決定する必要がある。続いて，「いくらで売るのか？」という価格設定を行うことになり，価格戦略

は4P戦略のなかでも非常に重要な要素となる。それは、価格は企業にとっては売上や利益に直結するし、顧客にとっては購入に対するハードルになるので、購買を促進するような価格付けや決済方法が決定される必要がある。

次に、流通戦略では「どこで売るのか？」の決定が必要になる。価値の高い製品を手頃な価格での提供を可能にしても、実際にその製品が店頭に並んでいなければ購入されることが無いので、ターゲット設定した顧客の特性に対応して最適な流通網を築いていく必要がある。

最後に、潜在的な顧客に対して、「如何にして自社製品の認知度を高めるか？」というプロモーション戦略になる。今日では、テレビや新聞、インターネット、雑誌、ラジオなど様々なマスメディアがあるので、どのような内容をどのような媒体を通じてどのような頻度で展開するかを決定する必要がある。

(2) マネジリアル・マーケティング戦略

市場が飽和してきたことによる競争の激化により、各要素が個別に有効に展開されたとしても、全体的な統一感を確保できるとは言えず、当該事業展開によって望ましい成果を得られるとは限らなくなった。そこで、企業はより顧客のニーズにあうものを提供することを重視するようになり、マーケティング要素展開戦略によって、マーケティングを担当する者が製品作りへ積極的に参加しての製品計画が盛んに行われるようになった。それらのことから、マーケティングを行う際にも製造部門や財務部門といった他部門と調整する必要性が生まれ、あらゆる部門を調整するために企業のトップである経営者による意思決定が求められるようになった。

そこで、顧客主導でありつつも事業としての統一性を確保すべく、各要素展開を調整しようとする経営者的な視点からマーケティングを行おうとするものが、W.レイザーとE.J.ケリーが1958年に著書「マネジリアル・マーケティング（Managerial Marketing）」で提唱したマーケティング概念である。これは、単に顧客のニーズに適応するだけではなく創造的に適応するために、マーケティング担当のみならず、製造や財務部門などの各部門の協力も必要で、さら

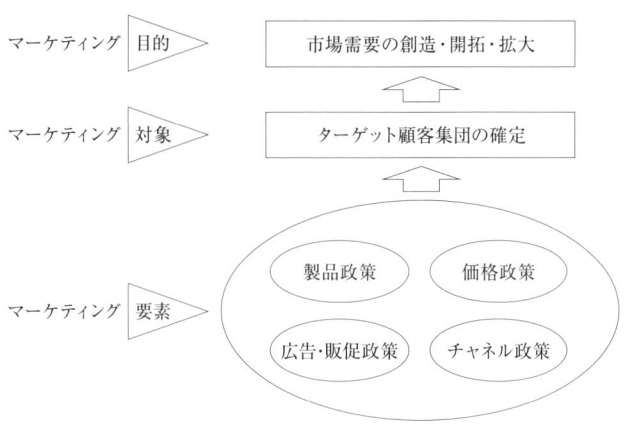

図表 2-2　マーケティング戦略の構造

```
マーケティング [目的]   →  市場需要の創造・開拓・拡大
                              ↑
マーケティング [対象]   →  ターゲット顧客集団の確定
                              ↑
                         ┌─────────────────┐
                         │ 製品政策  価格政策 │
マーケティング [要素]   →│                  │
                         │ 広告・販促政策  チャネル政策│
                         └─────────────────┘
```

出所：恩藏〔2004〕を基に加筆・修正。

に経営者による意思決定も必要となる。この概念の浸透により，マーケティングはより部門を超えた全社的な活動となり，販売部門の位置づけも製造された品を売るというものから，マーケティング部門とのより密接な連携により企業活動の方向性を決める部門へと変化した。

つまりは，マーケティングを全社的な活動として捉えるようにすることであり，4P個々の要素を統合するマネジリアル・マーケティング戦略展開となり，経営者の視点に立ったマーケティング展開である。

(3) 戦略的マーケティング

多くの企業は，複数の事業を共存させており，それら事業の何れもが同等の市場地位を獲得して成果をあげていれば問題ないものの，必ずしもそのような成果を得ているとは言えない。言い換えれば，順調な事業と思わしくない事業もあり，単独で利益を生み出している事業もあれば単独で利益を生み出せない事業もあり，それら事業を継続するには維持するための資金が必要になるし，業績好転のための投資も必要になる。ところが，企業の経営資源には限りがあるので，経営資源を有効に配分することが必要になる。

日本マーケティング協会編〔1995〕によれば、「戦略的マーケティングとは市場環境との適合性を中心に、環境と経営資源に適合した企業の将来の方向を定める行動の枠組みである」ということである。このことは、個別の事業や製品レベルの意思決定でなく、全社的な意志決定を扱うマーケティングであり、個別事業や製品レベルのマーケティングがターゲット市場を選定し、マーケティング・ミックスのプラン作成を主たる内容とするのに対して、戦略的マーケティングは経営戦略とほぼ等しいものである点が異なっていると理解できる。

図表2-3は、戦略的マーケティングのプロセスを示したもので、この図から明らか[2]であるが戦略的マーケティングのプロセスの前半部分、すなわち企業理念からポートフォリオ計画までの企業戦略の部分は、経営戦略策定のプロセスがほぼ同様である。一方、後半部分であるマーケティング戦略とよばれる

図表 2-3　戦略的マーケティングのプロセス

企業理念	企業の基本的な価値観・構成員の行動指針の提示
↓	
目標	具体的・数量的な目標の設定
↓	
事業領域の定義	企業の事業活動の範囲の定義
↓	
成長戦略	成長方向の設定（成長マトリックス，統合成長戦略）
↓	
ポートフォリオ計画	各SBUへの経営資源の配分と基本的目標の設定
↓	
競争戦略	経営資源別競争対抗戦略
↓	
市場細分化	市場対応戦略
↓	
マーケティング・ミックス	製品／価格／プロモーション／流通チャネル

出所：コトラー（訳書）〔1996〕。

部分は，従来型のマーケティング手法である市場細分化やマーケティング・ミックスから構成されており，戦略と言うよりも戦術的な色合いが濃くなっている。ここで，マーケティングは，経営戦略の単なる下位機能としての実行戦略では無く，複数の事業を擁する企業内での経営資源の配分に関わる問題を解決する役割を担うことになる。

　これらのように，実行戦略としてのマーケティング戦略の役割は変わらないものの，マーケティング戦略策定にも影響する点からも変化への対応をより一層意識したものになる必要がある。このように，企業活動全体を意識し，長期的変化対応を考慮したマーケティング戦略の策定・実行を戦略的マーケティングとよぶので，経営戦略とは表裏一体となった市場への対応活動であると理解できる。

3．マーケティング戦略の構築

　マーケティング戦略の展開は，市場と企業や組織との関わりを考察するアプローチ法であり，その仕組み作りである。それは，「市場との関わり方」の設定であり，市場の選択・設定，市場分析を行うことが必要になるので，以下それらに関して整理する。

(1) マーケティング戦略の構築

① 市場の選択・設定

　企業における経営諸活動は，「市場との関わり」を持つことが前提となり，「市場との関わり方」を考察するには，「どのような市場」との関わりを有するのかという事前の決定が必要になる。ここで，「市場の選択」は事業機会や事業領域の選択，さらには標的市場の設定の仕方，市場細分化の考え方や方法につ

いて検討することである。マーケティングの展開単位は「製品」であるが，企業によっては特定製品から複数製品を展開する事業を営む多角化事業を営んでいる。

　これらは，特定の製品を単位としてスタートしたマーケティングは，事業活動単位のマーケティング，そして事業部門単位を超えた企業としての戦略としてのマーケティングへと発展している。そしてこれらマーケティング展開過程で，自社の現在および将来に関わる事業領域や事業機会を探索し設定していくことになる。市場選択を行うにあたっては，事業機会・標的市場・市場細分化などに関して十分検討することが前提になっている。

② 市場分析

　自社の事業領域を決定し，個々の市場区分が明らかになった次には，それぞれの市場区分での事業機会を特定化する分析作業の展開になる。それは，市場データ，消費者行動，競争状況および流通などに関わる分析である。

　ここで，市場データ分析は，データの種類，データの収集方法，測定方法，などの検討であり，消費者行動分析は，ライフスタイル研究，インタラクション理解，なかでも購買行動分析などに関わる分析が必要になる。

(2) 標的市場の設定

　今日の市場は成熟化し消費者も個性化・多様化しており，従来有効であったマス・マーケティングはその効力を十分発揮できなくなり，従来の「作れば売れる」状況から，「売りたい顧客を知る」との発想の転換が求められている。そこでは，不特定多数を相手にするマス・マーケティングから，ターゲット顧客を特定化し，個別に対応するセグメント・マーケティングが求められている。それらの前提になるのが市場細分化であり，市場は均質的な消費者群である1つの市場（マス・マーケティング）から，消費者ひとりひとり（オーダーメイド型マーケティング）に至るまで細分化することが可能になる。市場細分化を前提とするマーケティングは，この中間に位置するものであり，企業における

マーケティング展開においては一般的な考え方になっている。つまり，細分化された市場間では消費者需要，消費者特性，行動パターンなどは明らかに異なることであるものの，同一細分市場内ではこれらが同一であることである。

① 市場細分化の基本軸

全体市場を比較的同質の需要区分に分割し，それぞれの市場のニーズに対してマーケティング・ミックスを適合させていく戦略を市場細分化戦略という。コトラーによると市場細分化の軸には，デモグラフィック変数とサイコグラフィック変数に2分類することが可能になる。

デモグラフィック変数は一般的に，①帰属特性と②達成特性に分類でき，性別や年齢等の消費者が生まれてきた時から与えられた特性である，地域，都市の規模，人口密度，気候などの地理的変数がある。後者は，消費者が誕生して以降，自らの努力によって勝ち取った特性であり，学歴や職業，家族状況，所得，職業，教育水準，宗教などの人口統計的変数がある。

サイコグラフィック変数には，心理学，社会心理学，社会学などによって規定されており，社会階層，ライフ・スタイル，パーソナリティ（性格・個性）などの心理的変数と，購買頻度，追求される利益，使用率，ロイヤリティなどの行動的変数がある。いずれも，消費者調査などによって収集したデータを分析することで，主観的なレスポンスでの展開になっているものの，高学歴化や生活意識の同質化傾向等もあり，市場細分化軸としての有効性が低下する一方で，サイコグラフィック変数の市場細分化における相対的説明力が高くなっている。

デモグラフィック変数は，二次データで収集可能になるもののサイコグラフィック変数は，一次データでしか収集できない。今日のわが国では，ライフスタイルによる市場細分化軸が用いられている。なお，ライフスタイルとは，「生活者の生活価値観に基づいて形成される生活行動体系もしくは生活のパターンや生活の仕方」と定義されており，生活者の価値観，心理的・社会的・行動的側面によって形成されている。

② 市場細分化展開の手続き

マーケティング展開の手続きは，出発点としての市場設定が，「消費需要構造の把握・分析」からスタートする。この対象は，「消費需要が①同質集合であるか，②異質集合であるかの判断」が前提になる。ここで，②の異質集合であれば，次に，「消費需要が異質になっている変数の確認」を分析し，市場細分化軸の抽出を進めることになる。このプロセスでは，デモグラフィック変数軸，サイコグラフィック変数軸の分類を行うことが有効になる。

まず，「市場細分化軸が確定」されると，次には市場空間をこの軸で細分化することになり，「市場が分かれている」ということを確認することが必要になる。それは，消費者特性として，「異なった市場の集合体」であることを確認し，各種マーケティング要素への反応の仕方に違いがあることの確認になる。例えば，細分化された市場間には製品コンセプトに対する認識差異があるのか，価格ゾーンが異なるのか，購買チャネルが異なるのか，といった点をすべて検証していくことが必要になる。市場細分化の展開を行うか否かの判断は，消費需要構造に対する認識が前提となり，市場細分化軸を如何に抽出できるかが重要になってくる。その一方で，当該企業が市場において如何なるポジションを得ようと考えているのかをも決定することが重要になる。

③ 標的市場の類型

コトラーによると，標的市場は次のように類型化できる。まず，無差別型マーケティングは，セグメントされた市場ごとの差異よりも，類似点に注目して全市場をターゲットとする戦略であり，万人向きの訴求点を持った商品で市場にアプローチする。この戦略では競争が激しい製品差別化を行う場合が多い。

次に，差別型マーケティングは，差別された市場ごとに，それぞれのニーズに合わせたマーケティング・ミックスを開発する戦略である。差別型マーケティングに比べてマーケティング・コストが高くなる為，コストの増大を上回る収益の増大が必要である。

最後に，集中型マーケティングは，細分化された市場の中から，1つの市場細分化のみを選択するものであり，企業の経営資源を1つの市場セグメントに

集中し，最適なマーケティング・ミックスを構築する。これは，ニッチャー企業の基本戦略になっている。

【課題レポート】

① 特定の興味ある企業の製品を選択し，それらのマーケティング要素戦略に関して，如何に統合しているかを論じなさい。

【復習問題】

① マーケティング要素戦略展開に関して，知るところを述べなさい。
② 特定製品を設定して，それら製品の市場細分化軸に関して，ターゲット顧客に関して如何なる軸に対応しているかに関して述べなさい。

＜注＞
1) 企業が将来に亘って事業を継続していくと言う企業経営上の前提であり，ゴーイング・コンサーンと言われ，「継続企業の前提」，「企業の存続可能性」等と訳されている。
2) 日本マーケティング協会編〔1995〕27頁を基に参照。

＜参考文献＞
伊丹敬之〔1984〕『新・経営戦略の論理』日本経済新聞社。
恩藏直人〔2004〕『マーケティング』日本経済新聞社。
コトラー，フィリップ（村田昭治監修）〔1996〕『マーケティング・マネジメント（第7版）』プレジデント社。
小宮路雅博〔2006〕『徹底マスター　マーケティング用語』白桃書房。
嶋口充輝〔1984〕『戦略的マーケティングの論理』誠文堂新光社。
(社)日本マーケティング協会編〔1995〕「マーケティング・ベーシックス」同文舘出版。
沼上幹〔2000〕『わかりやすいマーケティング戦略』有斐閣。

第3章

戦略的マーケティング入門（2）

本章のねらい

　企業経営においてマーケティングを語る際に必要な論理的思考パターンを定型化し，誰でも使えるようにしたのが戦略フレームワークである。戦略フレームワークは，企業経営のあらゆる分野で活用されており，著名なものから無名なものまでを含めると，相当数が存在している。戦略フレームワークを活用することで，現状を論理的に構造化し，客観的に俯瞰することが可能になる。また，常にフレームワーク的発想で考えることを習慣付けることが可能になると，企業を取巻く経営環境を把握する段階で，企業が抱える問題点を整理することが可能になるのみならず，自らの主張や提案を第3者に分かりやすく説得力を伴って伝達することが可能になる。

　戦略的マーケティングは，企業経営で全社レベル・事業レベルでの市場適応戦略を対象としている。それゆえに，戦略的マーケティングが対象とする戦略領域は，企業の成長戦略や活動領域の策定，事業ミックスの編成や経営資源の再配分，さらには事業ごとの戦略策定など，幅広い経営課題がテーマとして含まれている。

　本章では，戦略的マーケティングの展開に関して整理したうえで，企業の競争戦略を踏まえながら解説していく。

キーワード

戦略的マーケティング，マーケティング・マネジメント，マクロ環境分析，顧客と競合他社に関する分析，タスク環境分析，PEST分析，SWOT分析，競争戦略，市場地位別戦略

1. 戦略的マーケティング入門

（1） 戦略的マーケティングとは

　戦略的マーケティングは，企業における全社レベル・事業レベルでの市場適応戦略を対象としており，個々の製品や販売戦略ではなく，企業の全社レベル・事業レベルでの市場戦略を対象としたものである。それゆえに，戦略的マーケティングの対象とする領域は，企業の成長戦略や活動領域の策定，事業ミックスの編成や経営資源の再配分，さらには事業ごとの戦略策定など，幅広い経営課題がテーマとして含まれている。

　本章では，戦略的マーケティングの展開に関して整理したうえで，企業の競争戦略を踏まえながら解説していく。

①　マーケティング戦略の策定

　マーケティングにおいて最も重要なものは，顧客のニーズを把握し，自社の経営資源で適応できる事項に関して対応することになる。しかし，それらはマーケティング展開の前提でしかなく，企業の優位性の確保を図るには，マーケティング展開に関わる計画策定をした上で，それに基づき具体的に推進することや修正を図ることが必要になってくる。それら，マーケティング活動の計画策定並びに推進・修正を図ることを，マーケティング・マネジメントとよぶ。

　マーケティング・マネジメントにおいて取り組むことが，マーケティング戦略の策定であり，マーケティング活動の計画策定に当たっては，経営環境の把握，対象顧客の選定及び具体的な活動内容の決定の3段階を経て作成される。

　まず，経営環境の把握は，顧客の分析，競合他社の分析や自社の分析に加え，それらを取り巻く社会の変化を分析し，市場における機会や脅威となる点を識別することである。

次に，対象顧客の選定は，顧客をニーズごとに分類することで，対象顧客の選定をすることである。

最後に，活動内容の決定は，設定した対象顧客や自社のポジショニングに沿った，具体的な活動内容を決定することである。

(2) 経営環境の把握

経営環境の把握は，外部状況を適切に把握することであり，マクロ環境分析に加え顧客と競合他社に関する分析に分類することが出来る。

① マクロ環境分析

マクロ環境分析は，企業を取り巻くマクロ環境のうち，現在ないし将来の事業活動に影響を及ぼす可能性のある要素を把握するため，PEST分析という手法で外部環境（顧客，競合，自社すべてに影響を及ぼす広範囲の環境要因）を洗い出し，その影響度や変化を分析する手法のことをいう。経営戦略策定や事業計画立案，市場調査におけるマクロ環境分析の基本ツールとして知られている。

ここでPESTとは，政治的要因（P = Politics），経済的要因（E = Economics），社会的要因（S = Society），技術的要因（T = Technology）の頭文字を取った造語で，マクロ環境を網羅的に見ていくためのフレームワークである。これらの視点で外部環境に潜む，自社にプラスないしマイナスのインパクトを与え得る要因を整理し，その影響度を評価していくものであり，経営戦略策定や事業計画立案，市場調査におけるマクロ環境分析の基本ツールとして知られている。

ここでの留意点を確認すると，第一に，外部環境要因は無数にあるので，PEST分析の目的は正確な分類よりも，自社に影響を与える重要な要因を見落とさないことが重要になる。その上で，検討を必要とする要因を抽出し，PESTの枠組みに沿って漏れがないかどうかを確認し，次にどの要因の影響が大きいかを検討することが重要になる。

第二に，現状の把握に留まらず，将来の環境変化をも考慮する必要がある。

図表 3-1　PEST の要因例

政治的要因 （P = Politics）	・法規制（規制強化・緩和） ・税制 ・裁判制度，判例 ・政治団体の傾向　等
経済的要因 （E = Economics）	・景気 ・物価（インフレ・デフレ） ・成長率 ・金利・為替・株価　等
社会的要因 （S = Society）	・人口動態 ・世論・流行 ・教育水準 ・治安・安全保障 ・宗教・言語 ・自然環境　等
技術的要因 （T = Technology）	・技術開発投資レベル ・新技術の普及度 ・特許　等

　市場動向の把握には，顧客がどのような製品やサービスを求めているのかという顧客ニーズの分析や流行などのトレンドの分析を含んでおり，いわば「世の中の流れ」「業界動向」の把握が必要になる。

　企業を取り巻く環境は刻々と変化しており，継続的に事業推進を図るにはその変動やトレンドを確実にとらえることが重要になり，PEST 分析はその都度実施すべきものと理解出来る。

②　顧客と競合他社に関する分析

　次の段階では，顧客と競合他社に関する分析であるタスク環境分析が行われる。顧客分析に関しては前章で触れたので，ここでは競合他社分析について解説する。競合他社分析とは，競合他社の強みと弱みを把握することである。こ

の分析では，業界における上位企業や顧客ターゲットを同一にしている企業を調査することで，自社と比較しての相対的な強みや弱みを探る。競合他社との競争状況を分析する手法として代表的手法には，市場における上位集中度分析がある。

すなわちこの分析では，特定市場のマーケットシェア上位n社のマーケットシェア合計値をn社集中度[1]と言う。n社集中度は企業数とマーケットシェアの両方を考慮した指標で，n社集中度が低いほどより競争的な市場と理解出来る。例えば，特定業界の上位4社の市場シェアが90％を超えている場合には，寡占度が進展しており，特定企業が市場から退出を迫られるような競争は考えにくい。一方で，上位4社の市場シェアが10％しかないような業界であれば，競合企業が多数乱戦状態にあり，価格を中心にした激しい競争が展開されている状況と理解することが出来る。

③ SWOT分析

マクロ経営環境分析，タスク環境分析に加え自社分析をした後に，分析結果を解り易く整理する折に活用される方法としてSWOT分析がある。SWOT分析は，Strength（強み），Weakness（弱み），Opportunity（機会），Threat（脅威）の頭文字を組み合わせたものである。経営戦略を検討するときは自社の内部状況と自社を取り巻く外部環境を正しく分析することが大切になり，企業の強み，弱み，機会，脅威の総合的に評価する方法をSWOT分析という。

SWOT分析の4象限は，まず内部環境分析と外部環境分析の2つにわけることができる。内部環境分析とは，自社の強みと弱みを分析することであり，自社が業界標準や社会的一般的な基準からみて，秀でている点は強み（S）として認識し，大きく劣るものは弱み（W）として認識する。

一方，外部環境分析とは，機会（O）と脅威（T）を分析することである。外部環境には，経済，技術，政治，法規制，社会，文化などの大きな視点のマクロ要因と，顧客，競合他社，流通業者，供給業者などの自社の身の回りの視点のミクロ要因がある。この外部環境の変化を観察することで，関連する機会と脅威を見極めることである。

図表 3-2　戦略の SWOT 分析の枠組み

内部環境		内容	外部環境		内容
	S 強み			O 機会	
	W 弱み			T 脅威	

注：戦略策定プロセスとして明確になってくるのはハーバード・ビジネススクールのゼネラルマネジメント・グループのケネス・R・アンドルーズ（Kenneth Andrews）らによって書かれた「Business Policy: Text and Cases」(1965年)からだとされる。同書はビジネススクールの教科書としてポピュラーなものとなり、ここに示された機会・脅威（当初は「リスク」と表現されていた）・強み・弱みから企業を分析し、戦略＝中長期計画を策定する方法は、米国で広く普及した。

なお、問題解決のための分析手法としてSWOT分析を活用するには、次の二点に留意する必要がある。

弱み（W）の洗い出しは成果に結びつきにくく、改善活動レベルの検討が主体になる。一方、強み（S）は小さいことでも徹底的に掘り起こすことで、競合他社との差異化が図られる戦略レベルへの展開が可能になる。

2. 基本戦略と市場の地位別戦略

（1）ポーターの競争戦略

企業における戦略的な違いを分析するには様々な分析が可能であるものの、最も活用されているものとしてマイケル・ポーターの『3つの基本戦略』とい

図表3-3 3つの基本戦略

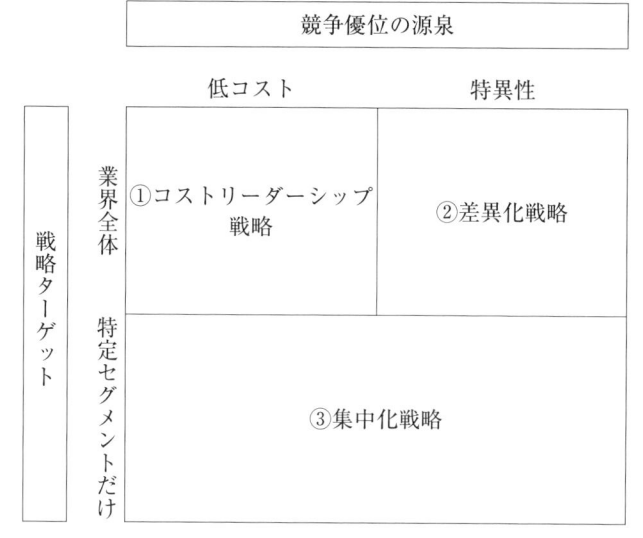

	競争優位の源泉	
	低コスト	特異性
業界全体	①コストリーダーシップ戦略	②差異化戦略
特定セグメントだけ	③集中化戦略	

（戦略ターゲット）

どの戦略を選択するかが，長期的な経営戦略のベースとなる

出所：ポーター（訳書）〔1995〕p.61 図表を基に作成。

うフレームワークが指摘できる。ポーターは，企業の競争戦略論の第一人者で，その著書『競争の戦略』は経営学のバイブル的な存在になっており，同著の中で，企業の基本戦略は突き詰めると3つしかない，そしてどの戦略を選択するかが長期的な経営戦略のベースになると指摘している。

基本戦略は，競争優位のタイプ（低コスト―顧客の求める優位性）と競争ターゲットの幅（業界全体―特定セグメント）の2つの軸で3つの戦略に分類する。業界を広くターゲットとして，低コストで競争優位を確保しようとする戦略をコストリーダーシップ戦略，顧客が求める特異性で競争優位を確保しようとする差異化戦略，ターゲットを特定の顧客に絞り込み集中させる集中化戦略とよばれている。

① コストリーダーシップ戦略

大量生産・大量販売によるコストメリットを活用して競合他社よりも低コス

トで製品を供給する戦略であり，低コスト戦略ともいう。効率化や生産性を追求することで他社より低いコストを獲得し，それを製品価格に反映させて販売数を伸ばしたり，あるいは他社と同じ価格で販売することで業界平均以上の収益を目指す戦略と言える。「同じ製品を提供するのなら，安く提供できるほうが勝つ」という考え方であり，量的優位（低コスト）の戦略であると言える。それゆえ，規模の経済に依存する傾向にあるため，戦略導入当初の赤字は覚悟しなければならない場合が多い。

低コスト戦略が有効で無くなるのは，過去の投資や経験が無駄になるような新たな製品・サービスが生まれる技術革新が起こった場合である。

② 差異化戦略

競合他社より優れた性質（品質，アフターサービスの充実，ブランドイメージなど）を獲得することで，品質・機能・付加価値を高めたり，消費者のブランド選考を高めるための取組みをいう。価格競争に巻き込まれるのを避け，平均以上の収益を目指す戦略であり，「多少価格は高くても，それ以上に価値がある製品やサービスを提供できれば勝てる」という考え方であり，質的優位（差異化）の戦略と言える。差別化は一部の顧客ニーズに絞り込んだ戦略となりやすいため，市場シェアを落とすこともある。

差異化戦略におけるリスクは，競合他社による同質化対応である。さらに，差異化が可能であってもコスト的に大きな差異があれば価格差が広がってしまい，差異化された製品・サービスを評価していた消費者も安価な製品・サービスを評価するようになってしまう。

③ 集中化戦略

企業の経営資源を特定の顧客ニーズや特定の地域，特定の製品などに絞り込むことで，その市場内での競争優位を獲得する戦略である。集中化戦略は，常に市場シェア拡大とは相反するが，この戦略がうまくいくと差異化やコスト・リーダーシップを同時に獲得できる可能性がある。競争の範囲が狭いとは，より限定的な領域（地域や顧客）に対応するということである。

集中化戦略効果が弱まるのは，標的顧客のニーズと業界全体の平均的なニューズの差異が小さくなることである。そうなると，低コスト戦略採用の企業や差異化戦略と競合することになる。また，対象としたターゲットをさらに細分化した集中戦略を採用する企業が出現する時もリスクが高まる。

　3つの基本戦略はポーターの主要コンセプトの1つであるが，1990年に刊行された『国の競争優位』以降この言葉を使わなくなり，代わって「コストのリーダーシップ戦略 vs. 差異化戦略」と「競争範囲を広く取る vs. 狭く取る」となったとの指摘もある[2]。

(2) 市場地位別戦略

　市場の地位別戦略は，市場において自社の占める地位によって，企業の採用すべき戦略も異なってくるという着眼から出発したものである。言い換えれば，市場でライバルが存在する状況では，自社が市場的にどういう位置にいるのかを分析し，それに応じた戦略をとる方が成功の確率も増すということである。最初は，業界のリーダー対チャレンジャーという二元的な図式を描き，その中で競争戦略の定石を導き出そうとした。その後，コトラーが市場シェアを念頭に置き，市場で占める地位をリーダー，チャレンジャー，フォロワー，ニッチャーの4類型に分ける方法を提案したのである。経営資源の量と質という観点から，このコトラーの分類をより洗練させて図式化したのが嶋口充輝である。嶋口の提示した経営資源の量と質を尺度とする図式に従い，競争上の地位とそれに応じた基本戦略パターンを確認する。
　ここで量的尺度から見た経営資源とは，営業マンの数とか，投入資金の額，生産規模・生産能力などを指す。これに対して，質的尺度から見た経営資源とは，技術力・技術水準やマーケティング力，ブランドイメージ，トップのリーダーシップなどになる。この量的経営資源の大，小と，質的経営資源の高・低に応じて，4つのセルを描くことができる。そして，この4つのセルにリーダー，チャレンジャー，ニッチャー，フォロワーをそれぞれあてはめ，各類型企業が

図表 3-4　市場地位別対応戦略

相対的経営資源の位置		量	
		大	小
質	高	リーダー 同質化戦略, 全方位・フルラ集中戦略	ニッチャー 集中化戦略
	低	チャレンジャー 差別化戦略	フォロワー 追随とおこぼれ戦略

量的資源：営業マンの数とか, 投入資金の額, 生産規模・生産能力など
質的資源：技術水準, マーケティング力, ブランドイメージ, トップのリーダーシップ
　　出所：コトラー（訳書）〔1996〕。

とるべき基本戦略も入れ込む。こうして出来上がるのが図表 3-4 である。

①　リーダーの戦略

　リーダー企業とは, 当該業界で圧倒的なシェアと存在感を有し, 経営資源の量, 質共に他企業を圧倒する状況にある業界を代表する指導的地位を有する企業をいう。それゆえ, 展開する戦略も自らの優位性を前面に押し出して十分に使いきることが基本となる。同時に, 競合他社のいいところはすべて取り入れて展開を図ることにより, 同質化により相手の強みを無くしてしまう同質化戦略の展開になる。これらの戦略を展開することは, 取扱製品の幅を広げ, どういう分野でもライバル企業に対抗可能にすることでもあり, 全方位化とかフルライン戦略とよばれる。さらに, こうした取組みにより, 競合他社が新たに市場に参入しにくくすることで, 参入障壁を設けるということもある。こうしたことを含め, リーダー企業の戦略は, 資金を多く要し, 多くの資金を擁する戦略となりやすい。このため, 財務基盤を強化することが必要となってくる。

②　チャレンジャーの戦略

　トップシェアではないが, リーダー企業に対抗できる経営資源を有する企業で, 業界で二番手付近に位置する企業をチャレンジャーという。市場シェアや業績等では, リーダーの後塵を拝する関係にあり, 常にリーダーに挑戦しシェア No.1 を狙っているものの, 現時点での経営資源は, 一般的に質・量ともにリー

ダーには及ばない。

　チャレンジャーとしての戦略は，名声を獲得する前にまずシェアの拡大，トップシェアの獲得を目指すことになり，経営資源の充実度から見て，量的な競争では成果を得られ難いので，何らかの理由によってリーダーが対応しないことや取り組まないことなどの，リーダーの行動の制約条件を見つけることが重要になる。その意味では，リーダーと自社との違いをつくる差別化戦略が基本となる。

③　ニッチャーの戦略

　ニッチャーは，業界全体のシェアは大きくないものの，質的経営資源において際立った独自性を有し，特定市場に特化した企業であり，競合他社が取り組まない分野や経営資源の投入が弱い分野，つまり「狭い分野」で一番になることを狙う戦略である。経営資源の量的面では勝っていなくても，質的に優れたノウハウ，技術，ブランド，仕組み等を獲得することで，特定市場で圧倒的な支持を得ることを目指すものであり，狭い分野に特化しそこで一番になれば，支持を得られやすくすることである。

④　フォロワーの戦略

　フォロワーは，トップシェアを狙うチャレンジャーのような位置に無く，特定市場での際立った独自性も有するニッチャーのような位置にも無い企業である。独自に多大な投資をして新たな研究開発をする等の行為が難しいこともあり，上位企業を模倣することでプロセスをできる限り効率化することを目指す。その間に独自の経営資源を蓄積し，質的・量的に対抗力を高める体制を構築する。また，単なる模倣ではなく，オリジナリティのある模倣や，模倣の工夫度合いによっては，それ自体で独自性の獲得が可能な場合もあり，そうした模倣の工夫の積み重ねが，独自の強みの構築に繋がっていくことに成り得る。

　日本の製造業の多くが，戦後復興期から飛躍的に成長した背景には，欧米の先進企業の模倣と独自の工夫の積み重ねで独自の経営資源を蓄積してきたと考えられる。

なお，ニッチャーもフォロワーも，市場での実績や経営資源面が共に相対的に劣る状況にあり，この③と④の戦略は弱者の戦略であると言える。

【課題レポート】

① ある特定企業を選択し，その企業を自社と想定して，SWOT分析をしてみなさい。

【復習問題】

① 特定の業界を選択し，業界企業を市場地位別に分類した上で，それぞれの市場地位別の代表的企業の戦略についてまとめなさい。

<注>
1) ここでは，nをいくつに選ぶかで集中度の大小関係が変わってしまう。例えば，市場Aは，5社が20%ずつシェアを分け合っている市場であり，B市場は，1社が90%のシェア，残り10%を10社が1%ずつシェアを分け合っている場合を考える。3社集中度は，市場Aは60%，市場Bは92%となり市場Bの方が市場支配力が強いことになる。これに対して，5社集中度では，市場Aは100%，市場Bは94%となり，市場Aの方が市場支配力が強いことになる。
2) ポーター（訳書）〔1995〕の「訳者あとがき」参照。

<参考文献>

石井淳蔵〔2010〕『マーケティングを学ぶ』筑摩書房。
コトラー，フィリップ（村田昭治監訳）〔1996〕『マーケティング・マネジメント（第7版）』プレジデント社。
ポーター，M. E.（土岐坤・服部照夫・中辻萬治訳）〔1995〕『競争の戦略（新訂版）』ダイヤモンド社。
三枝匡〔2002〕『戦略プロフェッショナル：シェア逆転の企業変革ドラマ』日本経済新聞社。

第4章

消費者行動論入門

本章のねらい

　消費者を理解することは，企業にとって必須である．個の消費者の集合体が市場であり，市場を理解することがSTPなど基本的なマーケティング戦略の立案につながるからである．本章では，「消費者」とは何か，「消費」とは何を指すのかといった基本的な概念から，消費者行動を紐解いていく．

　消費者行動研究は，その研究の系譜を時系列で追うと大きく2つの流れがある．70年代頃から購買行動を中心とした消費者の認知的な側面に焦点を当てた研究が盛んになり，70年代後半に確立をみた「消費者情報処理モデル」は，現在も消費者行動研究の基本的なアプローチであると言える．80年代に入ると，購買意思決定のみならず「消費」までを含んだ感情的な側面が注目を浴びることとなる．本章では，この流れを踏まえつつ両者の代表的なアプローチを確認していく．

キーワード

購買意思決定，刺激反応型モデル，消費者情報処理モデル，精緻化見込モデル，消費経験論，快楽消費，経験価値マーケティング，価値共創

1. 消費者と消費行動

(1) 消費者とは

　消費者行動を学ぶにあたって最初にすべきことは，消費者あるいは企業の顧客とは何を指すのか理解することである。まず，流通チャネルから消費者を捉えることにする。

　図表4-1において「消費をする人や組織」を消費者と捉えるならば，流通チャネル上に多くの消費者が存在することがわかる。たとえば，製造業者にとって製品を販売する相手は卸売業者であるため，最も身近な消費者は組織購買者としての卸売業者である。

図表 4-1　流通チャネルと消費者

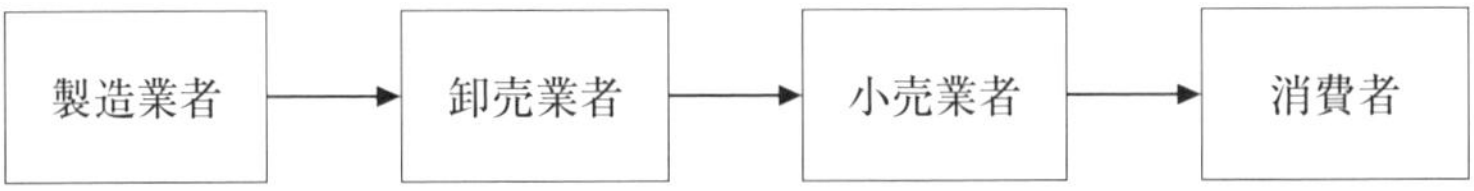

製造業者　→　卸売業者　→　小売業者　→　消費者

　消費者行動論において「消費者」と定義づけられるのは，流通チャネル上に存在する各段階での消費者ではなく，流通チャネルの末端にいる最終消費者である。市場を最終消費者の集合体と考えると，企業にとって最終消費者の考えや行動を理解することは，製品を販売するための市場を理解することにつながる。このような点から，最終消費者の考えや行動を理解することが，消費者行動論の基本であると考えられている。

(2) 消費とは

次に，最終消費者が行う「消費」が具体的に何を示すのか，検討したい。

消費は，モノを購買・使用・廃棄する一連のプロセスだと捉えるのが一般的である。この一連のプロセスは，図表 4-2 に示される。

図表 4-2　消費と購買

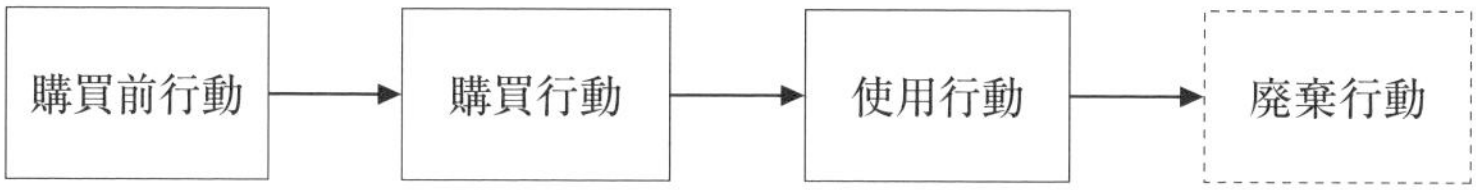

購買前行動 → 購買行動 → 使用行動 → 廃棄行動

消費は，上図のように，「購買前行動」，「購買行動」，「使用行動」，「廃棄行動」に分けられる。「購買前行動」は，消費者が抱える購買問題を認識する「問題認識」と，抱えている問題に対して，それを解決するような情報を探索・収集する「情報探索」とに分けられる。「購買行動」は，探索した情報に基づいて，製品を選択し購買する行動である。「使用行動」は，購買した製品を使用・保管する行動であり，使用した後に，製品を「評価」し，クチコミなどのフィードバックを行う場合もある。最後に，使用した商品を廃棄する「廃棄行動」をもって消費のプロセスは終了する。

消費は購買前行動から廃棄までを指すが，消費者行動研究の多くは，「消費行動」の研究よりも「購買前行動」と「購買行動」を合わせた広義の「購買行動」に関する研究が多い。また，この購買行動に関する研究は，消費者行動の認知的な側面に焦点を当てたものだとされている。

一方，80年代頃から，購買意思決定のみならず「消費」全般を対象とした消費者行動の感情的側面にもスポットが当たるようになる。消費者の経験や合理的ではない消費を説明するために用いられたアプローチであり，「快楽消費」や「経験価値」とよばれるものである。

本章では，第2節では認知的な側面に，第3節では感情的な側面に焦点を当て，その全体像を概説する。

2. 認知的な側面を重視したアプローチ

(1) 刺激反応型モデル

① S-R モデル

刺激反応型モデルは，S-R モデルともよばれ，外部から刺激を受けた消費者が反応（購買）するといった購買意思決定のプロセスを描写したモデルである。

図表 4-3　S-R モデル

```
┌──────┐     ┌──────┐     ┌──────┐
│  S   │ ──→ │ブラック│ ──→ │  R   │
│(刺激)│     │ボックス│     │(反応)│
└──────┘     └──────┘     └──────┘
```

図表 4-3 は，S-R モデルを図示したものである。ここで示されている刺激には，テレビ CM や新聞，雑誌などの広告やプロモーション，実際に店頭に並べられている製品，クチコミなどが該当する。これらの刺激を受け取った消費者が，その製品を購買するという反応を示す。

S-R モデルは，スーパーマーケットやコンビニエンスストアで販売されている商品の購買や衝動買いを説明するには，適したモデルである。外部からの刺激を受け取るといった受動的な側面から見ても，刺激を受けてから購入するまでに時間をかける必要のない，低価格で低関与な製品を対象としている。

また，このモデルの特徴は，刺激と反応の間で起こる心理的なプロセスを，「ブラックボックス」として扱っている点にある。S-R モデル以後，ブラックボックスとして扱われた部分で何が起こっているのか，心理的なプロセスの解明を試みるモデルが開発されていくことになる。

② S-O-R モデル

先に示した S-R モデルは，刺激と反応の間をブラックボックスとして扱っている。S-R モデル以降，このブラックボックスの中身となる心理的プロセスを明らかにするため様々なモデルの開発[1]が試みられた。それらを総称して，S-O-R モデルとよんでいる。

図表 4-4　S-O-R モデル基本形

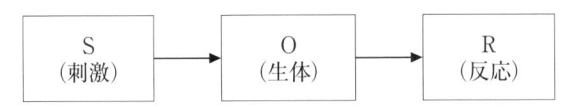

S（刺激） → O（生体） → R（反応）

図表 4-4 は S-O-R モデルの基本形である。図表 4-3 でブラックボックスとされた部分に，O（生体）を置いている。この基本形をベースにしているのが，次ページの図表 4-5 で示すハワード゠シェスモデルである。

ハワード゠シェスモデルは，S として入力変数（インプット），O として知覚構成概念と学習構成概念，R として出力変数（アウトプット）を置いている。消費者が受けた刺激は，頭の中にある知覚構成概念に送られ，情報処理がなされる。そして，その情報は学習構成概念に送られ，選択基準や態度が形成される。最後に，形成された態度に基づき意思決定がなされ，購買に至る。

S-R モデルとの違いは，S にあたる入力変数に，準拠集団や社会階層の影響を含んでいること，R として購買と購買後の満足へのフィードバックまで考慮されている点である。

S-R モデルは，S-O-R モデルへと発展を遂げたが，前提となっている消費者は，受動的で自ら行動する消費者ではなかった。このような限界を克服すべく考えられたモデルが，消費者情報処理モデルである。

(2) 消費者情報処理モデル

Bettman〔1979〕が提唱した消費者情報処理モデルの特徴は，消費者を「情

図表 4-5 ハワード＝シェスモデル[2]

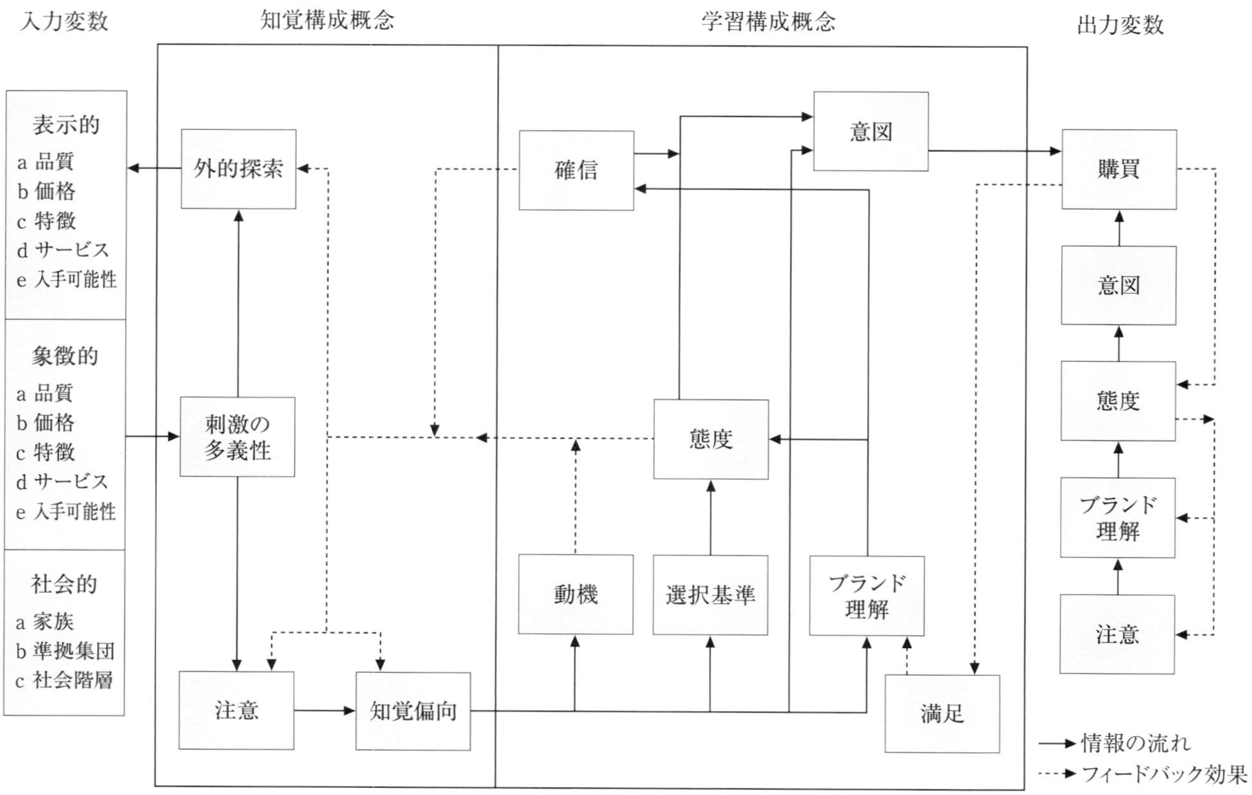

報処理の機械」つまりはコンピュータになぞらえているところにある。先に示した刺激反応型モデルで想定されていた消費者像は，自ら情報を収集し処理する消費者ではなく，刺激を受けて行動するといった受動的な存在だった。実際の消費者は，刺激反応型モデルのように受動的な行動を取ることもあれば，自ら情報を収集し，必要な商品を店舗に探しに行くこともある。このような能動的な消費者を説明するモデルが，消費者情報処理モデルである（図表4-6）。

このモデルにおける消費者は，購買に関する何らかの目標を持ち，その目標に応じた情報を過去の購買・消費経験と外部の双方から収集する。そして，収集した情報を過去の購買経験と照らし合わせ，意思決定を行う。このようなプロセスは，高価格・高関与な製品を対象としている。なぜなら，このような製品は，より多くの情報を収集・検討し，慎重な意思決定が求められるためである。また，このプロセス全体は，消費者の情報処理能力に依存する。

このモデルは，消費者個人の包括的な意思決定プロセスを説明した代表的なものである。現在も，このモデルをベースに消費者行動研究は展開されている。消費者情報処理モデルに欠点があるとすれば，合理的な消費者像のみを想定していることである。消費者は，認知的・合理的な意思決定のみならず，情緒的・感情的な意思決定を行うこともある。次にこのような欠点の解消を試みたモデ

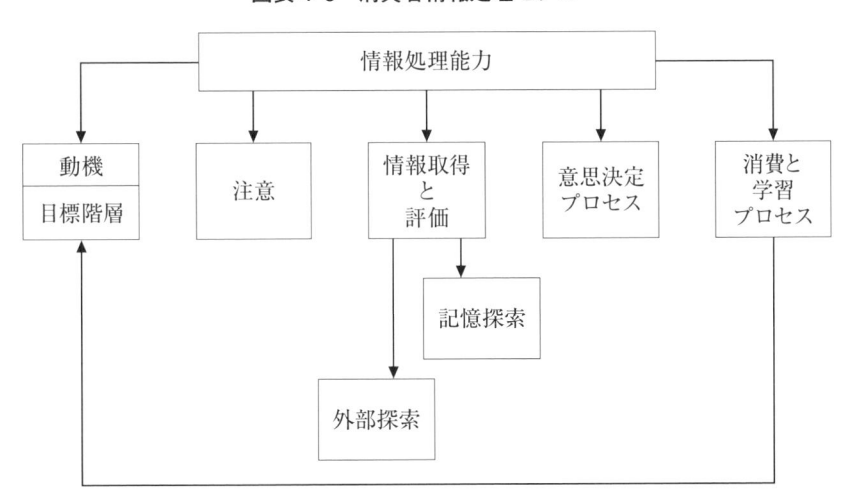

図表4-6 消費者情報処理モデル[3]

ルを取り上げる。

(3) 精緻化見込モデル

　精緻化見込モデルは，Petty と Cacioppo〔1986〕によって提唱されたモデルであり，認知的な意思決定をする消費者のみならず，感情的な意思決定を行う消費者をモデルに組み込んだという点で，より包括的なモデルであると言える。

　図表 4-7 は，精緻化見込モデルの全体像を描いたものであり，ここでの実線は「中心的ルート」を，点線は「周辺的ルート」を示している。

　ここで，ルートを分ける「精緻化の動機」と「精緻化の能力」について説明する。精緻化の動機は，消費者の動機付けの程度を示しており，「関与」を表している。精緻化の能力は，消費者の「知識」を表す。たとえば，自動車の購入を考えたとき，自動車への関与が高く，収集した自動車の情報を理解することができれば，中心的ルートを通る。この場合，多くの情報を収集し，エンジン・排気量・燃費・価格など様々な要素を検討して態度を形成する。一方で，自動車への関与が低く，自動車に関する情報を収集してもその情報を理解することができない場合には，周辺的ルートを通る。この場合，多くの情報を収集せず，デザインやCMに出演しているタレントを手がかりに，自動車に対す

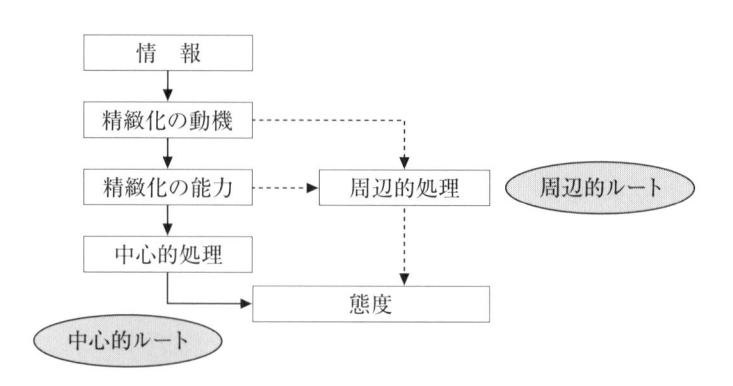

図表 4-7　精緻化見込モデル [4]

る態度を形成する。これまでの研究から，中心的ルートをもとに形成された態度は変容しにくく，周辺的ルートをもとに形成された態度は容易に変容するとされている。

現実の消費者は，中心的ルートあるいは周辺的ルートのどちらかを通るというよりも，双方を併用することがわかっている。精緻化の動機と能力の欠如によって，感情的なルートを選択するというのは偏った見解かもしれないが，1つのモデルの中に認知的・感情的な態度形成を併存させた点や，関与と知識によって態度が形成されることを示した点は，高く評価されている。

消費者情報処理モデルに代表される認知的な側面を重視したアプローチ[5]では，製品を属性の束と捉え，属性の総体として製品を評価している。一方で，このような捉え方では評価できない製品やサービスが存在する。また，これまでに示したような合理的な選択行動では説明できない製品やサービスも存在する。次節では，そのような製品・サービスを感情的な側面を重視したアプローチとしてとらえる。

3. 感情的な側面を重視したアプローチ

（1） 感情的な側面を重視した消費者行動研究の系譜

感情的な側面を重視した消費者行動研究は，80年代頃から発展した。その端緒は，HolbrookとHirschmanが発表した2本の論文[6]であり，「消費経験論」とよばれている。本節では，「消費経験論」から発展した「快楽消費研究」と，消費者行動論ではないが感情的なマーケティングが重視されている実例としてSchmittによって展開された「経験価値マーケティング」，とその後の消費者行動研究について述べる。

（2） 消費経験論

　第2節で挙げた認知的な側面を重視したアプローチは，主として購買意思決定に焦点を当てており，購買後の消費には言及しないものが多い。このようなアプローチでは，生産と消費の同時性を持つサービスや芸術鑑賞を説明することはできない。HolbrookとHirschmanは，消費者情報処理モデルを拡張する形で，これらのサービスや芸術鑑賞に関する説明を試みた。これを消費経験論とよんでいる。

　消費経験論は，次の4領域に適用可能であると主張されている。第一に，「心的構成概念」が挙げられる。消費者情報処理モデルにおいて製品は属性の束であるとされてきたが，心的構成概念は製品の使用による経験から得られた精神的な作用[7]を示している。第二に，「製品クラス」が挙げられる。これは，対象とする製品を示しており，消費者情報処理アプローチが対象とした一般の消費財ではなく，オペラ，芸術鑑賞，絵画，映画，ロック・コンサートを対象とする。第三に，「製品の使用」が挙げられる。先に示した認知的なアプローチが購買意思決定を研究対象としていたのに対し，消費経験論は「製品の使用」を研究対象としている。第四に，「個人差」が挙げられる。消費者行動研究では，個人差を前提としているものの，同じような個人をクラスター分析によってひとまとめにするなど，個人差に着目した研究は多いとは言えない。消費経験論ではこれまであまり研究の中心となることはなかった「個人差」に着目し，製品に対する感情的な反応の差は，サブカルチャーの違いに基づくとしている。

　消費経験論は，従来の認知的なアプローチが対象としていなかった芸術鑑賞等を対象とし，そこで生じた感情を伴う経験を説明しようと試みたのである。

（3） 消費経験論と快楽消費研究

　堀内〔2001〕は，消費経験論と快楽消費研究を図表4-8のように位置づけている。

　前項で挙げた消費経験論は，モチベーション・リサーチと製品シンボル研究

図表 4-8 消費経験論の流れにおける快楽消費研究の位置づけ [8]

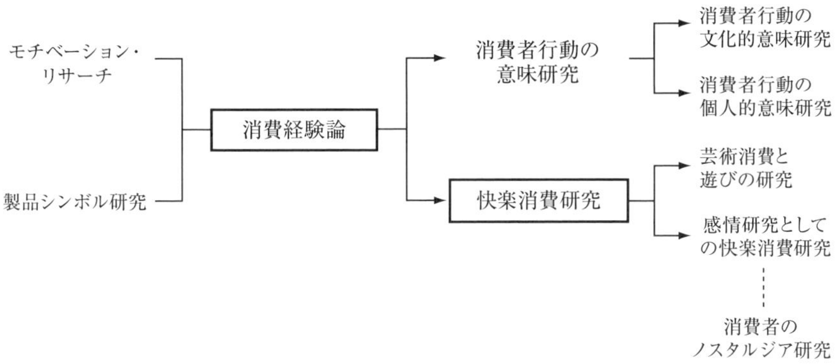

```
モチベーション・リサーチ ─┐
                          ├─ 消費経験論 ─┬─ 消費者行動の意味研究 ─┬─ 消費者行動の文化的意味研究
製品シンボル研究 ─────────┘              │                         └─ 消費者行動の個人的意味研究
                                          │
                                          └─ 快楽消費研究 ─┬─ 芸術消費と遊びの研究
                                                           ├─ 感情研究としての快楽消費研究
                                                           ┆
                                                           └─ 消費者のノスタルジア研究
```

を基盤としている。消費経験論は,「使用」(usage)を対象としており,図表4-2で示された「使用行動」[9]にあたる。その使用にあたって重要となるのが,「使用の意味」と「使用過程で生じる感情」である[10]。快楽消費研究において,主に研究がなされたのが,感情としての快楽消費研究である。「感情としての快楽消費研究」は,消費者が経験する感情経験を対象としたものであり,製品の消費時に感じる感情を対象とした研究[11]や,消費者が買物行動において感じる快楽的価値と買物動機との関係性を捉えた研究がある。

(4) 経験価値マーケティング

経験価値マーケティングは,Schmittが提唱したものであり「顧客の経験価値」を焦点にしている。経験価値は,出会い,経験,様々な状況下で生活してきたことの結果として生まれるとされている。第2節で挙げた認知的なアプローチとの比較で捉えるならば,認知的なアプローチが「機能的価値」を提供するのに対し,経験価値は「感覚的」,「情緒的」,「認知的」,「行動的」,「関係的」価値であるとされている。

経験価値マーケティングで対象とされる製品は,消費経験論とは異なり,認知的なアプローチが対象とする製品をも対象とする。Schmittが例として挙げ

ているように，シャンプー，シェービング・クリーム，ドライヤー，香水といった個々の製品を対象とするのではなく，「バスルームの身だしなみ用品」と捉え，このような消費状況に適した製品は何か，製品，パッケージング，広告がどのように消費経験を強化することができるかを考えるのが，経験価値マーケティングである。また，Schmitt自らBelkらの研究を引用して述べているように，経験価値マーケティングは「消費状況の意味」に関して鋭い感覚を持っているとされる。この点から鑑みて，経験価値マーケティングは，厳密に言うと消費者行動研究ではないものの提示された経験価値に対する消費者の反応を研究対象にするならば，図表4-8の「消費者行動の意味研究」に分類されることがわかる。

経験価値マーケティングは，その枠組みとして「戦略的経験価値モジュール(SEM)」を提唱している。このモジュールには，「SENSE」，「FEEL」，「THINK」，「ACT」，「RELATE」の5つの経験価値が含まれる。

SENSE（感覚的経験価値）は，五感を通じて感覚に訴えるものであり，ロゴ，パッケージデザイン，製品そのもの，製品が掲載されたパンフレット等が含まれる。たとえば，TVCMから香りを感じることはできないが，ビーズが弾けることや人との擦れ違いによって「香り」を想起させるCMを作ることが可能である。

FEEL（情緒的経験価値）は，消費の最中に発生するブランドと結びついたポジティブな気分や感情を表しており，これらの感覚への訴求を行うものである。たとえば，宅配ピザのCMが「みんなで集まって食べる楽しさ」を想起させるように，食べる（消費する）際の感情が思い浮かぶような広告コミュニケーションをとることで，消費の際の感情を引き出すことができる。

THINK（創造的・認知的経験価値）は，顧客の知性に訴求する認知的・問題解決的経験価値を示している。THINKは，新しい製品技術に用いられることが多く，この製品を購入することで広がる世界を想像させるCMが作られることが多い。以前からこの事例として挙げられるのが「ベネトン」の広告である。アパレル・ブランドでありながら広告で消費者を挑発し，社会問題に目を向けさせる同社の取り組みは，消費者に認知的・問題解決的経験価値を投げ

かけるものである。

　ACT（肉体的経験価値とライフスタイル全般）[12]は，行動の成果，ライフスタイルや人との相互作用に訴えることを目的としている。Schmitt が掲げたACT の概念は，次に挙げる RELATE との混同が指摘されている。ここでは，新たな製品がライフスタイルを変化させた例を挙げておこう。たとえば，Schmitt はウォシュレット，大津・長沢〔2011〕は家庭用ゲーム機 Wii のリモコンを挙げているが，ここでは家庭用掃除機「ルンバ」を挙げよう。このような製品は，製品が新たな動きをすることによって，製品の概念（トイレに対する負のイメージ，ゲームはテレビの前で座って行うもの，掃除機は人がかけるもの）を転換し，新たな価値やライフスタイルの創造に貢献している。

　RELATE（準拠集団や文化との関連付け）は，他のアプローチと密接に結びついたものであり，個人の自己実現への欲望を訴求するものである。たとえば，「父子での思い出づくり」に言及した JR 東海の CM のように，「そうだ，京都へ行こう」キャンペーンに「父子」という新たな経験価値を加えることで，「父子でこんな旅行がしたい」という欲望に訴えかけている。

　経験価値マーケティングは，これら5つの戦略的経験価値モジュールに「経験価値プロバイダー」（コミュニケーション，アイデンティティ，製品，コ・ブランディング，環境，ウェブサイト，人間）を組み合わせることで，「経験価値グリッド」を構築し，消費者に経験価値を提示することになる。経験価値マーケティングは，消費者がどのように受け取るか，個々でどのように咀嚼するかまではコントロールできないとされている。しかしながら，企業が提案した経験価値を消費者が理解し自らの中に意味づけるとき，そこには感情面を重視した消費者行動が起こっていると言えよう。

（5）　消費者行動研究における新たな潮流

　第2節や第3節で述べてきたように，これまでの消費者は製品やサービスの認知的・感情的な価値を企業側から提供され，それを消費しているものと認識されてきた。たとえば，第2節で述べたモデルは企業や様々な媒体等から得た

情報を認知的に処理することを示しており，第3節で述べた「経験価値マーケティング」は企業が消費者に感情的な価値を提案するものであった。

現在の消費者は，企業側から提供された価値を享受するのみならず，新たな価値を企業と共に共創するようになった。このような「価値共創」の概念は，サービス・ドミナント・ロジック（S-D Logic）[13]の一部として提示され，消費者行動研究の観点を変える可能性を含んでいると言えよう。

【課題レポート】
① 過去1ヵ月に行った購買行動から消費者情報処理モデルで説明可能な事例を3つ挙げなさい。
② 経験価値マーケティングにおける「戦略的経験価値モジュール」に当てはまる事例を挙げなさい。

【復習問題】
① S-Rモデルは，どのような消費者を想定しているか述べなさい。
② 消費経験論で想定されている消費を説明しなさい。

<注>
1) S-O-Rモデルの代表的なものとして，ニコシアモデル，EKBモデル，ハワード＝シェスモデルがある。
2) Howard and Sheth〔1969〕p.30.
3) 清水〔1999〕p.82。
4) Petty and Cacioppo〔1986〕p.4をもとに作成。
5) ここでは挙げていないが，多属性態度モデルは製品を属性の束としてとらえる代表的なモデルとされている。
6) Hirschman and Holbrook〔1982〕およびHolbrook and Hirschman〔1982〕。
7) 堀内〔2001〕によると，心的構成概念は「消費者が製品を頭の中でどう受け止めているか」を示しているという。
8) 堀内〔2001〕p.21。
9) Holbrook, Hirschman, 堀内が主張するように，ここで述べられている「使用」には「使う」「利用する」以外にも「維持する」「所有する」「活動に参加する」「着る」「飲む」「食べる」などが含まれている。
10) この分類は，牧野〔1995〕に示されている。
11) Richins〔1997〕．
12) 大津・長沢〔2011〕は「行動」と「行動に伴う生理的・心理的活動」をACTと定義

している。
13) 詳しくは Vargo & Lush〔2004a〕, Vargo & Lush〔2004b〕, Vargo & Lush〔2006〕, 井上・村松〔2010〕を参照のこと。

＜参考文献＞

青木幸弘〔1990〕「消費者関与の概念的整理―階層性と多様性の問題を中心にして」,『関西学院大学商学論究』(関西学院大学), 第37巻1,2,3,4号合併号, pp.119-138。

井上綾野〔2007〕「快楽的買物動機と支出行動」『目白大学経営学研究』(目白大学), 第5号, pp.63-74。

井上崇通・村松潤一編著〔2010〕『サービス・ドミナント・ロジック―マーケティング研究への新たな視座』同文舘出版。

大津真一・長沢伸也〔2011〕「消費者の行動経験による差異化戦略―身体性認知〔Embodied Cognition〕と行動的経験価値」,『早稲田国際経営研究』(早稲田大学), 第42号, pp.145-152。

清水 聰〔1999〕『新しい消費者行動』千倉書房。

髙橋郁夫〔2008〕『三訂 消費者購買行動―小売マーケティングへの写像―』千倉書房。

田中 洋〔2008〕『消費者行動論体系』中央経済社。

中西正雄編著〔1984〕『消費者行動分析のニュー・フロンティア―多属性分析を中心に―』誠文堂新光社。

堀内圭子〔2001〕『「快楽消費」の追究』白桃書房。

牧野圭子〔1995〕「消費経験主義の検討」,『経営と情報』(静岡県立大学), 第8巻, 1号, pp.117-133。

松井 剛〔2013〕『ことばとマーケティング―「癒し」ブームの消費社会史』碩学舎。

Bettman, J. R.〔1979〕*An Information Processing Theory of Consumer Choice*, Addison-Wesley.

Hirschman, E. C. and M. B. Holbrook〔1982〕"Hedonic Consumption: Emerging Concepts, Methods, and Propositions," *Journal of Marketing*, Vol.46-3〔Summer〕, pp.92-101.

Holbrook, M. B. and E. C. Hirschman〔1982〕"The Experiential Aspects of Comsumption: Consumer Fantasies, Feelings, and Fun," *Journal of Consumer Research*, Vol.9-2〔September〕, pp.132-140.

Howard, J. A. and J. N. Sheth〔1969〕*The Theory of Buyer Behavior*, John Wiley & Sons.

Petty, R. E. and J. T. Cacioppo〔1986〕*Communication and Persuasion: Central and Peripheral Routes to Attitude Change*, Springer.

Richins, M. L.〔1997〕"Measuring Emotions in the Consumption Experience," *Journal of Consumer Research*, Vol.24-2〔September〕, pp.127-146.

Rogers, E. M.〔1962〕*Diffusion of Innovations*, The Free Press.

Schmitt, B. H.〔1999〕*Experiential Marketing: How to Get Customers to Sense, Feel, Think, Act and Relate to Your Company and Brand*, The Free Press.(嶋村和恵・広瀬盛一訳〔2000〕『経験価値マーケティング―消費者が「何か」を感じるプラスαの魅力』ダイヤモンド社。)

Vargo, S. L. and R. F. Lusch [2004a] "Evolving to a New Dominant Logic for Marketing," *Journal of Marketing*, Vol.68-1 [January], pp.1-17.

Vargo, S. L. and R. F. Lusch [2004b] "The Four Service Marketing Myths : Remnants of a Goods-Based, Manufacturing Model," *Journal of Service Research*, Vol.6-4, pp.324-335.

Vargo, S. L. and R. F. Lusch [2006] "Service-Dominant Lagic : What it is, What it is not, What it might be," in Lusch, R. F. and S. L. Vargo (eds.) *The Service-Dominant Logic of Marketing : Dialog, Debate, and Directions*, M. E. Sharpe, pp.406-420.

第 5 章

マーケティング・リサーチ入門

━ 本章のねらい ━

　マーケティング・リサーチというと，難しいというイメージが強いかもしれない。最も身近なマーケティング・リサーチの例として，みなさんの財布やカードケースの中に，何枚のポイントカードが入っているか数えてみてほしい。財布から溢れそうになっているポイントカードは，消費者がいつ・どこで・何を買ったのかという記録であり，そのデータを企業に提供するかわりに，消費者には相応のポイントが還元されている。ポイントカードに限らず，企業は様々なデータを収集・分析し，その結果をもとにマーケティング戦略を立案している。本章では，マーケティング・リサーチの概要を説明した後，定性調査，定量調査とそれぞれの手順について，消費者を対象とした調査を中心に説明する。ここでは，アンケート調査のみならず，マーケティング・リサーチの全体像を把握することと，消費者を対象とした代表的な調査手法に触れることを目的としている。

キーワード

　一次データ，二次データ，質的データ，量的データ，定性調査，定量調査，観察調査，深層面接法，グループインタビュー，実査（アンケート調査）

1. マーケティング・リサーチのデータと手法

(1) マーケティング・リサーチとは

　マーケティング・リサーチは，市場調査ともよばれる。企業は，めまぐるしく変化する市場に瞬時に対応するために，意思決定の基盤となりうる客観的な証拠を必要としている。その証拠を得るために行われるのが，マーケティング・リサーチである。ここでは，企業が実際に行っている代表的なマーケティング・リサーチを紹介し，各リサーチが抱える課題とその課題を解決するために収集するデータの種類を説明する。

　マーケティング・リサーチにとって最も重要なことは，「マーケティング課題の設定」である。マーケティング課題とはその企業が抱える問題であり，マーケティング・リサーチはその課題を解決する手段に過ぎない。本章では，課題を解決するための手段を先に説明する。なぜなら，マーケティング・リサーチの全体像をあらかじめ頭に入れて置くことで，マーケティング課題の解決という目的とその手段としてのリサーチとが結びつきやすくなるからである。

(2) 調査主体によるデータの種類

　マーケティング・リサーチが扱うデータには，大別すると「一次データ」と「二次データ」の2種類がある。「一次データ」は，調査を行う企業やマーケティング担当者が自らの目的のために収集するデータのことである。一方で，「二次データ」は，他者が別の目的で収集したデータである。それぞれにどのような調査手法があるのか，具体例を挙げていくこととする。

(3) 一次データの種類と調査手法

① 実　査

　マーケティング・リサーチと言えば，「アンケート調査」を思い浮かべる人も多いが，この「実査」がアンケート調査とよばれているものである。図表5-1は，ホテルにおけるフロントスタッフの応対に対する満足度を調査したものである。下記のような「調査票」を用い，各質問項目を数値化して統計解析を行う。

図表5-1　質問項目の例

フロントスタッフの応対はいかがでしたか？ 下記の1つから選択しご記入ください。 ○非常に不満足である　　○どちらかと言えば不満足　　○どちらでもない ○どちらかと言えば満足　○大変満足している

② 実　験

　広告や新製品など，何らかの「刺激に対する反応」を見たい場合に，実験を行う。実験には他の刺激を遮断した状態で行う「実験室実験」と，実際の市場で販売することを想定して行われる「テストマーケティング」がある。いずれも収集したデータを数値化し，統計的手法によって売上等への「影響力」を明らかにする。たとえば，企業は全国展開したいと考える製品に対して，面積や人口密度が平均的な地域を選択し，その地域のみで販売することがある。これは，他の地域に新製品を投入した際の反応（売上）を予測することを目的としている。

③ 観　察

　観察は，「消費者の行動」を詳細に記述するために行われる。消費者は，普段意識せず行っている行動を詳述することに長けてはいない。そのため，調査

員が消費者を観察してデータを取る，あるいは観察結果を詳述することになる。観察は，消費者全体の行動を捉えるために行うものと，個別の消費者を捉えるために行うものがある。前者には，消費者全体の行動から商圏を予測するための「交通量調査」が，後者には，個々の消費者が店舗内をどのように歩いているかを調査する「顧客導線調査」や，消費者が商品やPOP，棚のどこを見ているかを分析する「アイカメラによる顧客の視線分析」が含まれる。観察によって収集されたデータは，その対象によって扱われ方が異なる。消費者全体の傾向を捉えるために収集されたデータは，数値化されることが多いが，個別の消費者行動を把握するために収集されたデータは，質的データとして扱われることが多い。

④　深層面接法・グループインタビュー

深層面接法やグループインタビューは，主として消費者ニーズの発掘に用いられる。企業は，消費者のニーズに基づいて製品を開発したいと考えているが，消費者は何らかのニーズを持っていても，そのニーズを説明することは得意ではない。それはニーズがあまりにも漠然としていて，説明ができないことが多いためである。具体的には1対1でヒアリングをする，あるいは新製品について語る場を設けることで，ニーズを発掘・具現化していくことになる。ここで得られたフリーアンサーは，質的データとして扱われることもあれば，テキストマイニングや内容分析などのデータ解析に用いられることもある。

（4）　二次データの種類

マーケティング・リサーチにおいて最も重要なことは，「マーケティング課題」を解決することである。そのために利用可能なデータが周囲に存在するのならば，積極的に利用するとよい。このような「別の目的のために，他者によって収集されたデータ」を，二次データという。よく用いられる二次データとして，政府や地方自治体によって収集される統計データ（国勢調査・商業統計・白書など），他の企業や広告代理店，研究所が発表したレポートやホームページ上

で公表されているデータ，新聞・雑誌の記事，各種データベースがある。また，企業の場合，社内に蓄積されたデータが利用可能か検討する必要がある。

(5) 収集されたデータの形式に基づく分類

ここまで，調査主体から見たデータの種類とその調査手法を述べてきた。次に，収集されたデータの形式に基づいてデータを分類する。

これらをクロス表にまとめると，図表5-2のようになる。

一般的に，数字で表すことができないものを「質的データ」，数字で表すことができるものを「量的データ」とよんでいる。「質的データ」の中には，数値化して扱うことが可能なものもある。第2節では「質的データ」を収集する「定性調査」，第3節では「量的データ」を収集する「定量調査」について，消費者調査を中心に概観する。

図表5-2　調査主体によるデータの種類と調査手法・データ形式

調査主体によるデータの種類		調査手法	収集されたデータの形式
	一次データ	実査 (1.(3)①)	量的データ (3.)
		実験 (1.(3)②)	質的データ
		観察 (1.(3)③)	量的・質的データ (2.(2))
		深層面接法・グループインタビュー (1.(3)④)	質的データ (2.(3))
	二次データ	企業や機関が発表しているデータ (1.(4))	量的データ

(注)　表中の（　）内の数字は，本章の節・項・目を表しているので，該当する節・項・目を参照のこと。

2. 定性調査

（1） 定性調査の目的

　定性調査は，質的データを収集するための調査であり，代表的なものとして，個別の消費者を観察する「観察調査」や，ヒアリング，インタビューなどを行う「深層面接法・グループインタビュー」がある。本項では，定性調査のメリット・デメリット，目的を示した後，「観察調査」と「深層面接法・グループインタビュー」の概要と手順を示す。

　定性調査は，回答者の行動を観察，あるいは回答者の話をじっくり聞くことが多い。これは，回答者の内面を明らかにするためであり，結果からアンケート調査で得られるような一般性は得られない。しかしながら，じっくりと観察する，あるいは話を聞くことで，消費者の行動意図や意識に迫ることが可能になり，ビジネスに有用なヒントや本質に迫ることができるというメリットがある。

　一方で，調査に時間がかかり，費用もかさむというデメリットがある。観察・面接等の調査手法では回答者が限られるため，その回答者の回答が「例外」である可能性も否めない。

　これらのメリット・デメリットを踏まえ，定性調査の目的を示すと，「新たな仮説の発見や設定」，「関連性や因果関係の構造化」，「アイデアやコンセプトの導出」，「アンケート調査のプリテストや結果の補助」の4点にまとめられる。

① 新たな仮説の発見や設定

　定性調査は，回答者の意見を詳細に聞くことが可能である。それによって，研究者やマーケティング担当者が想像し得ない意見が出る可能性がある。これらの意見は，新たな仮説の発見や設定に役立つ。

② 関連性や因果関係の構造化

Tauber〔1972〕が購買動機を定性調査[1]から導き出したように,定性調査は,定量調査のベースとなる関係性や因果関係を導出することが可能である。このような関連性や因果関係の構造を,定量調査によって検証することも可能である。

③ アイデアやコンセプトの導出

企業は,新製品を発表する前にユーザーになると想定される消費者を集め,製品の試用を行うことがある。その結果をグループで話し合うことによって,マーケティング担当者が想定しない製品に対する意見や使用方法が出る可能性がある。マーケティング担当者とユーザー層との年齢差が大きい場合に,このような手法で新たなアイデアや製品コンセプトを導出することがある。

④ アンケート調査のプリテストや結果の補助

アンケート調査には,プリテストが必要である。プリテストがうまくいかなかった場合やアンケート調査の結果に基づいて意思決定をする場合,その補助として定性調査を用いることがある。

(2) 観察調査の概要とその手順

ここでは,定性調査の1つである「観察調査」の概要とその手順を示す。観察調査は,人の行動や状況を観察しその結果を記述・分析することで,消費者の実態に迫ろうとするものである。観察調査は,観察の対象が回答できないことを捉えたい場合や,観察の対象が回答すると回答に歪みが生じる場合に選択される。

観察調査には,定性調査と定量調査[2]がある。定性調査には,店内での買物客導線調査やアイカメラを用いた視線調査,買物客になりすまして接客態度を調査するミステリーショッパーなどがある。いずれも行動を観察したものが多く,調査対象者が行動を詳細に説明することができない,あるいは調査主体

図表 5-3　観察調査の手順

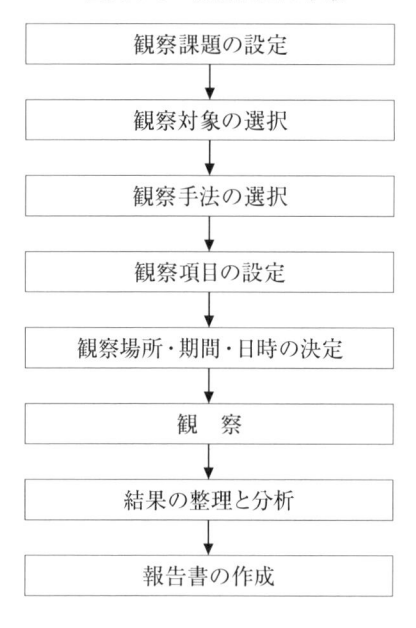

```
┌─────────────────────┐
│   観察課題の設定    │
└─────────┬───────────┘
          ↓
┌─────────────────────┐
│   観察対象の選択    │
└─────────┬───────────┘
          ↓
┌─────────────────────┐
│   観察手法の選択    │
└─────────┬───────────┘
          ↓
┌─────────────────────┐
│   観察項目の設定    │
└─────────┬───────────┘
          ↓
┌─────────────────────┐
│ 観察場所・期間・日時の決定 │
└─────────┬───────────┘
          ↓
┌─────────────────────┐
│      観　察         │
└─────────┬───────────┘
          ↓
┌─────────────────────┐
│   結果の整理と分析  │
└─────────┬───────────┘
          ↓
┌─────────────────────┐
│    報告書の作成     │
└─────────────────────┘
```

者が調査対象者に対して，調査の詳細を明かせない等の理由から，観察調査が選択されている。いずれにしても，調査対象者が特定される場合には，調査対象者に対し調査の説明を行い，承諾を得る必要がある。

観察調査の手順は，図表 5-3 にまとめられている。観察調査の場合，「何を知りたいか」という観察課題の設定と，その課題に応じた対象と手法の選択，いつ・どこで・どのように観察するかといった調査のデザイン，実際の観察，結果の整理と分析，最後にその結果を報告書にまとめるといった手順で行われる。

観察調査は，調査に協力してくれる商業施設の存在が不可欠になる。ディベロッパーが自社の商業施設の弱点を分析する，あるいは小売店を持つ企業が自社の顧客を観察する場合，ハードルは高くないが，一般的にはハードルの高い調査であると言える。

また，観察調査は，同一施設内で曜日や時間帯を変えて繰り返し調査を行うことが望ましいとされている。そのため，調査にかかる時間は長いと言えよう。

（3）　深層面接法・グループインタビューの概要とその手順

次に，「深層面接法」「グループインタビュー」の概要とその手順を示す。

①　深層面接法（デプスインタビュー）

深層面接法は，インタビュアーと調査対象者が一対一で面談し，あるテーマについて深く聴く手法である。まず，インタビュアーは対象者に警戒されない

ように信頼関係を築くことから始める。深層面接法のメリットとして，インタビュアーと対象者の間に信頼関係が存在するため，回答者から真に迫った回答が得られること，デリケートな質問にも回答してもらえる可能性が高いことがある。また，一対一の面談を行うため，対象者は他の人物に邪魔されず自分の意見を述べられるといったメリットもある。一方で，調査に時間と費用がかかる，インタビュアーにかかる負担が大きい点がデメリットであろう。

② グループインタビュー

グループインタビューは，数名のグループで，座談会形式をとることが多い。インタビュアーが質問し対象者が回答するものと，フォーカス・グループインタビューとよばれ，特定の話題についてディスカッションするものがある。新製品のアイデアの具現化を目的としている場合，テーマに関するディスカッションとテーマに沿った要点の整理を繰り返すことで，ディスカッションの中から新たなニーズやアイデアを収集していく。その際に，立会人はグループのディスカッションが，テーマから外れないようコントロールする必要がある。

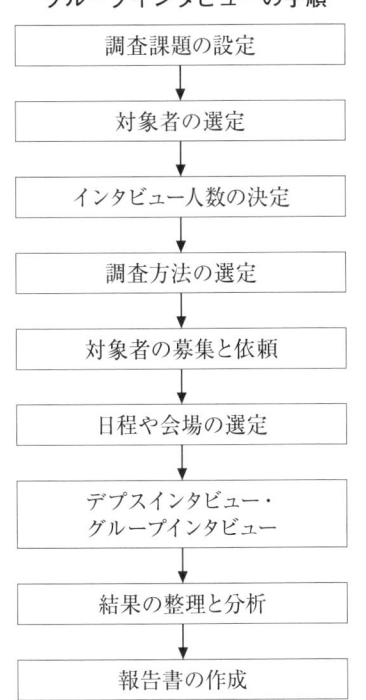

深層面接法やグループインタビューの手順は，図表5-4に示されている。

深層面接法・グループインタビューは，先に示した観察調査と同じく，調査課題の設定から始まる。何を明らかにしたいのか，それに応じた対象者を選定することが必要になる。たとえば，自社製品の改良を目的としたグループインタビューを行いたいのであれば，自社製品のユーザーを調査対象者として選定しなければ

図表5-4　深層面接法・グループインタビューの手順

```
調査課題の設定
    ↓
対象者の選定
    ↓
インタビュー人数の決定
    ↓
調査方法の選定
    ↓
対象者の募集と依頼
    ↓
日程や会場の選定
    ↓
デプスインタビュー・
グループインタビュー
    ↓
結果の整理と分析
    ↓
報告書の作成
```

ならない。次に，調査対象者の中から何人を呼びたいのか，インタビュー人数を決定する。1人からじっくりと話を聞きたいならば深層面接法を，グループでのディスカッションを目的としているのであればグループインタビューを選択する。このように，「調査目的―調査対象者―調査方法」は，密接な関係にあることがわかる。次に，デプスインタビューやグループインタビューを行うにあたっての準備が必要になる。調査対象者を募集し，こちらの条件に合った人物に調査への参加を依頼する。そして，日時や会場の調整など実務的な手続きが続く。実際の調査には，時間がかかることが多い。調査対象者が警戒しないよう，調査対象者とインタビュアーが信頼関係を築き，その内容を聴き取るには複数回の調査が必要とされるからだ。調査が終了すると，それらの結果を整理し，共通点やキーワードでまとめることとなる。最後に，調査結果をレポートにまとめ，提出・発表する。

　これまで，マーケティング・リサーチにおける定性調査の中から，消費者を対象とした観察調査，深層面接法・グループインタビューの概要と手順を紹介してきた。これらの調査で重要なことは，調査の成否が調査員（インタビュアー，立会人）の能力に依存するということである。調査員の行動や発言が，調査対象者の行動や発言に影響を与えないよう十分に注意しなければならない。

3. 定量調査

（1）定量調査の目的

　定量調査は，量的データを収集するための調査であり，代表的なものとして「実査（アンケート調査）」が挙げられる。本節では，定量調査のメリット・デメリット・目的を示した後，実査の代表例である「消費者調査の手順」を示す。
　実査は，様々な手段（郵送・インターネット・電話・街頭など）を通じて調

査票（アンケート用紙）を配布し，調査対象者が回答，その結果を収集することで大量のデータを集めることが可能である。膨大な量のデータを収集・分析することによって，データの全体像や傾向を把握しやすいというメリットがある。

このようなメリットに対し，デメリットとして例外が切り捨てられるという可能性が挙げられる。例外の回答の中に，企業のマーケティング改善やニーズの掘り起こしに必要なヒントが隠されているかもしれない。しかしながら，このような回答は，多くの場合無視されてしまう。また，質問票の作成者の意図に回答者が誘導されないように，作成者には十分な配慮が求められる。

定量調査の目的は、図表5-5に示されているように「記述」，「探索」，「因果関係の発見」の3点にまとめられる。

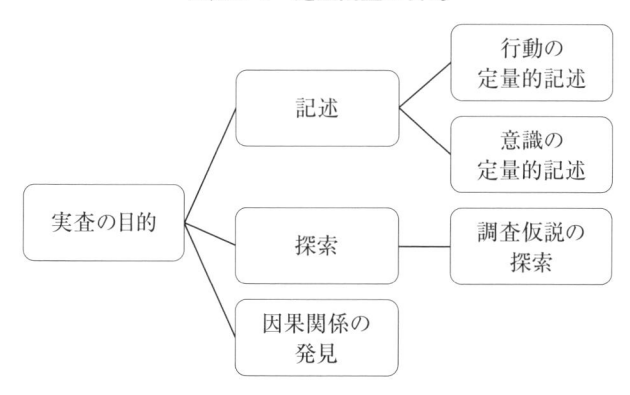

図表 5-5　定量調査の目的

```
                    ┌─ 記述 ─┬─ 行動の定量的記述
                    │        └─ 意識の定量的記述
  実査の目的 ───────┼─ 探索 ─── 調査仮説の探索
                    │
                    └─ 因果関係の発見
```

① 記　　述

記述には，「行動の定量的記述」と「意識の定量的記述」がある。

▶行動の定量的記述

調査対象者を消費者とする場合，その行動を記述することが定量調査の目的となる。たとえば，刺激に対する反応（ある広告を見た消費者が購買するか否か）等がこれに該当する。

▶意識の定量的記述

調査対象者を消費者とする場合，その意識を記述することが定量調査の目的となる。たとえば，顧客満足度調査などはこれに該当する。

② 探　　索

▶調査仮説の探索

定量調査において探索的調査を行いたい場合，事前に定性調査を行い，これまでの調査や研究では見られなかった変数を準備しておくとよい。これらの中から，一般化可能なものを探していく過程が探索である。

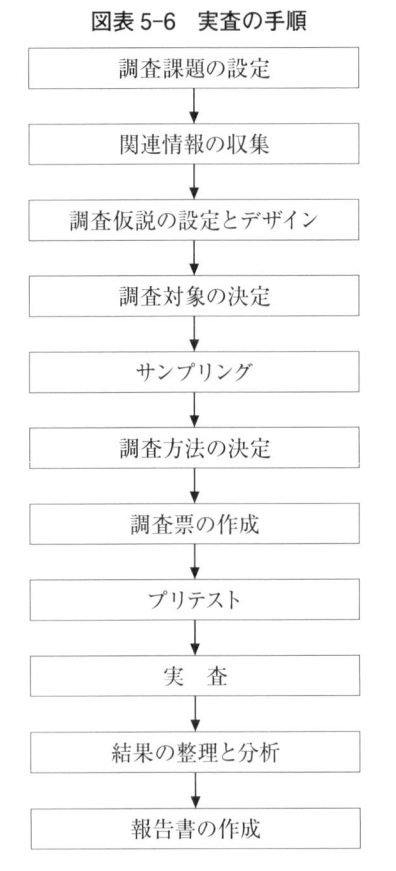

図表5-6　実査の手順

```
調査課題の設定
    ↓
関連情報の収集
    ↓
調査仮説の設定とデザイン
    ↓
調査対象の決定
    ↓
サンプリング
    ↓
調査方法の決定
    ↓
調査票の作成
    ↓
プリテスト
    ↓
実　査
    ↓
結果の整理と分析
    ↓
報告書の作成
```

③ **因果関係の発見**

定量調査は，因果関係の発見や確認を行うために用いられることも多い。企業が，売上の増加した（結果）商品について，その要因を調べたいと考えたとしよう。この場合，定量調査によって売上の増加に寄与している要因を抽出するとともに，その構造を示すことが可能になる。

(2) 実査（アンケート調査）の手順

ここでは，より具体的に消費者を対象とした実査（アンケート調査）を行うことを仮定し，その手順を図表5-6に示す。

はじめに，調査課題の設定を行う。調査課題の設定において注意すべきことは，「解決すべき問題」と「調査課題」との関連性を明確にすることである。「解決すべき問題」というのは，範囲が広く

漠然としていてもよい。企業は「自社製品が支持されていない」と感じた際に，何を調査するだろうか。自社製品の売上が下がった原因を調査するのか，ブランド・ロイヤルティの低下の原因を調査するのか，他社との競合や商圏について調査するのか，単に「自社製品が支持されていない」という「解決すべき問題」も，様々な「調査課題」の設定が可能である。両者の関係性を明確にすることが定量調査において，最も重要なことである。

　次に，関連情報の収集を行う。「解決すべき課題」と「調査課題」が明確になったならば，資料や文献を検索し，必要とあれば専門家へのインタビューを行い関連情報を収集する。既存の資料や文献，専門家からの助言によって調査課題の修正を行う。

　続いて，調査仮説の設定とデザインを行う。先に設定した調査課題に基づき，調査仮説を設定する。調査仮説の設定にあたって，この調査が何を目的にしているのか，図表5-5の枠組みに照らして再度検討するとよい。調査仮説が決定すると，自ずと分析手法も検討可能になる。たとえば，先に提示した「売上の低下」の要因を抽出する場合，平均・分散・クロス集計・相関係数などの記述統計と多変量解析のような手法を想定し，データ収集後の分析計画を立てるとよい。

　調査仮説と調査手法が決まると，調査対象（母集団）を決定することになる。たとえば，「大学生の旅行に対する意識」を尋ねたい場合には，大学生を調査対象としなければならない。つまり，調査仮説によって調査の対象となる母集団が決定する。

　調査対象が決定すると，実際に調査対象者を選定しなければならない。調査対象者の選定（サンプリング）は，調査仮説に依存する。上記と同じく，「大学生の旅行に対する意識」を聞きたい場合，調査対象者に海外旅行経験者を含むのか含まないのか，全く旅行に行かない学生を含むのか含まないのか，考慮しなければならない。また，対象者の選定と並行して，調査に必要とされるサンプルの人数とサンプリングの方法も検討する必要がある。サンプリングの方法には，任意抽出法と有意抽出法がある。任意抽出法には，最も望ましいとされる「単純無作為抽出法」，「層化抽出法」などが含まれ，有意抽出法には，知

人や友人を対象とする「便宜抽出法」，母集団の男女比や年齢構成比に応じてサンプルを抽出する「割当法」などが含まれる。

　サンプリングが終わると，そのサンプルに対して，実査を行う方法を選択しなければならない。質問票を用いたアンケート調査の方法には，実際に対象者の家庭を訪問しその場で回答を要請する「訪問面接調査」，対象者の家庭を訪問，アンケートを配布し後日回収する「留置調査」，調査票を対象者に郵送する「郵送調査」，内閣支持率調査などに現在も使用されている「電話調査」，回答者を特定の場所に集めてアンケートへの記入を依頼する「集合調査」，インターネット上でアンケートを実施する「インターネット調査」がある。

　ここで，実際に配布するアンケート用紙である「調査票」を作成する。調査票は，調査課題との一致，回答形式の選択，質問項目の構造化，回答のしやすさについて考慮する必要がある。調査票に掲載できる質問項目数は限られている。限られた項目の中で，調査目的と一致する質問項目に限定し，調査の目的と分析に耐え得る回答形式[3]を選択することを心掛けたい。また，質問項目全体の構造化や，回答のしやすさを考慮する必要がある。

　調査票が完成したら，サンプルは少数でも構わないので「プリテスト」を実施するとよい。プリテストは，調査票のミスの発見や回答者が答えにくい表現がないかをチェックするために行う。この段階で調査票にミス等があれば，実査を前に修正する。

　これらの手順を経て，実査（本調査）を行うことができる。実査が始まったならば，調査票の回収率向上に努めたい。インターネット調査のように，ポイントがもらえる等のインセンティブがあれば，回収率は高くなる。

　実査が終了し調査票を回収したら，データをExcelに入力し記述統計量（度数分布表，平均，分散，標準偏差，クロス集計，相関係数）を求めよう。記述統計量を算出しデータを俯瞰することで，新たな仮説や調査の問題点が浮き彫りになるからである。次に，これらのデータを用い多変量解析を行う。

　最後に，検証結果を吟味し調査報告書を作成する。

(3) 代表的な分析手法

ここで，アンケート調査に適用される分析手法について簡単に説明する。実際にこれらの手法を利用する際には，参考文献に挙げた文献を熟読しさらなる理解を深めてほしい。

① 重回帰分析

重回帰分析は，広告・価格と売上との関係性のように，因果関係を説明したい場合に用いる。

② 判別分析

判別分析は，ユーザーとユーザー以外とを比較するときなど，グループ間の違いを説明するために用いる。

③ コンジョイント分析

コンジョイント分析は，主として，新製品開発に使用される。たとえば，旅行のパッケージツアーの開発において，ホテル・価格・観光などを組み合わせてパターンを作成し，そのパターンの購入意向を順序で評価するものである。

④ 因子分析

因子分析は，変数間の相関関係に基づき，その構造を抽出するものである。アンケート調査では，多くの変数をまとめ，要約するために利用される。

⑤ クラスター分析

クラスター分析は，定量データで似ている者同士を集め，グルーピングする手法である。主として，アンケート回答者をグルーピングするために用いられる。

ここで紹介した手法は代表的なものであり，全体を網羅しているとは言えない。また，分析手法はあくまでも手段であり，設定した調査課題に適した手法

を選択する必要がある。

　本章で紹介した定性調査・定量調査は，先に示したそれぞれのメリット・デメリットや目的から鑑みて，相互補完的なものであると捉えるべきだろう。定性調査は一般化は難しいが事例を説明することに長けており，定量調査は一般化に優れた手法である。しかしながら，どちらが優れているといった優劣がつくものではなく，両者のメリットを活かした調査設計が望ましいとされている。

【課題レポート】
① ペットボトルの緑茶を製造する飲料メーカーが，アンケート調査を行う際に，適当と思われるサンプリングの手法を説明しなさい。
② 観察法による調査を行っている企業を1つ挙げ，その調査手法について述べなさい。

【復習問題】
① 一次データと二次データの違いについて説明しなさい。
② 定量調査のメリット・デメリットを挙げなさい。

〈注〉
1) Tauber〔1972〕は，買物動機を抽出するために，30人の男女を対象に，深層面接法による調査を行った。この研究は，定性調査によって調査仮説を導出した一例である。
2) 観察調査における定量調査には，交通量調査やPOSデータで蓄積された買物客特性調査，テレビの視聴率調査などが挙げられる。
3) たとえば，単数選択，複数選択，2項選択，評定尺度，自由回答など様々な質問形式がある。質問形式は，調査課題とそれに基づく分析方法を踏まえたうえで，選択するとよい。

〈参考文献〉
上田拓治〔2004〕『マーケティングリサーチの論理と技法　第2版』日本評論社。
髙田博和・上田隆穂・奥瀬善之・内田学〔2008〕『マーケティングリサーチ入門』PHP研究所。
髙橋郁夫〔2008〕『三訂　消費者購買行動―小売マーケティングへの写像―』千倉書房。
沼上　幹〔2008〕『わかりやすいマーケティング戦略　新版』有斐閣。
Aaker, D. A. and G. S. Day〔1980〕*Marketing Research: Private and Public Sector*

Decisions, John Wiley & Sons.（石井淳蔵・野中郁次郎訳〔1981〕『マーケティング・リサーチ―企業と公組織の意思決定―』白桃書房。）

Tauber〔1972〕"Why Do People Shop?" *Journal of Marketing*, Vol.36, pp.46-59.

第6章

マーケティング・マネジメント入門

> **本章のねらい**
>
> 　マーケティングの課題は顧客価値と顧客満足を作り出し，自社製品やサービスに顧客を引き付け，顧客との良好な関係性を構築することである。そのために，企業内にある様々な経営資源を利用しながら，効果的なマーケティング・ツールを組み合わせて実行しなければならない。しかし，企業が提供しうるあらゆるマーケティング・ツールがそのまま利用可能というわけではない。企業は常に激しく変化する市場環境にさらされており，こうした変化に柔軟に対応しながらマーケティング活動を行わなければならない。したがって，マーケティング・マネジメントは企業の内部と外部の多様な要因を認識し，とりうるべき限られた選択肢の中から自社にとって最大のメリットが得られる最適なマーケティングを管理する活動である。
>
> 　自社にとっての新たな市場を見つけ出し，その標的とする市場に向けて自社製品やサービスの位置取りをしていく。そして効果的なマーケティング・ミックスによって顧客へと接近していくことになるが，これらはすべて計画的なマーケティング・プロセスを通じて行われる。本章では，マーケティング・マネジメントの考え方と，マーケティング計画策定のプロセスを中心に考察していく。

> **キーワード**
>
> マーケティング・マネジメント，マーケティング・ツール，企業の外部環境，企業の内部環境，ミクロ環境要因，マクロ環境要因，4P，マーケティング・ミックス，市場細分化，STP戦略

1. マーケティング・マネジメントの考え方

(1) マーケティング・マネジメントの理解

　マーケティングとは「顧客，依頼人，パートナー，社会全体にとって価値のある提供物を創造・伝達・配達・交換するための活動であり，一連の制度，そしてプロセスである」(AMA〔2007〕) と定義されている。つまり，マーケティングは広く社会や人々に対して価値ある製品やサービスを多様な手段によって提供する諸活動であり，それらが体系的に行われることを表している。しかし，マーケティングの定義を文字通りに理解しようとすれば，それはあまりにも静態的で，変化の激しい市場において事業活動を行う現実世界の企業にとっては机上の空論のような世界観にさえ感じられる。実際，企業は絶えず変化する市場のなかに身を置き，時代の潮流のなかで時に翻弄されながら，それでもなお激しい変化に柔軟に適応することによって持続的な成長機会を得ようと日々経営努力をしているのである。
　さて，マーケティングは，これを実行する売り手の企業とその買い手である企業または最終消費者との2者間の関係のなかで展開されるだけでなく，双方を取り囲むすべての市場環境が多大な影響を与えることになる。
　マーケティングは，多様なマーケティング・ツールを駆使して市場を管理・操作しようとする諸活動であるが，その実行プロセスにおいて市場環境という企業によって統制不可能な要因がマーケティングの制約条件となる。そこで企業は自社を取り巻く複雑化・多様化する市場環境要因を予め認識し，これに適応したマーケティングを展開すべく，統制可能・不可能な諸要因を統合的に管理することが必要とされ，そうした状況に適切に対応するマーケティング・マネジメントを展開しなければならない。

(2) マーケティング・マネジメントの概念

　マーケティング・マネジメントは単に企業内部におけるマーケティング・ツールを駆使すればいいというものではなく，市場を取り巻く複雑な環境を考慮しなければならない。市場環境は絶えず変化しており，変化のスピードはますます加速するとともに不透明なものになりつつある。しかし，企業はこうした統制不可能な市場環境に適応しながら市場の脅威や市場機会を見出さなければならない。ここでは，マーケティング・マネジメントに関する先駆的研究者であるハワードとマッカーシーのマーケティング・マネジメントの捉え方について概観していく（図表6-1）。

　J. A. ハワードは1957年に『マーケティング・マネジメント―分析と意思決定』のなかで，企業を取り巻く統制不可能な環境要因に次の5つの要因をあげている。それは，需要，競争，流通機構，非マーケティング・コスト，マーケティング関係法規である。このような統制不可能な要因に対してマーケティング担当者は，製品，価格，広告，人的販売，マーケティング・チャネル，および立地条件などのマーケティングの諸方策によって市場に適応しようと考えたのである。こうした捉え方が，マーケティングにおけるマネジリアル・アプローチの基本的なフレームワークを提示している。

　E. J. マッカーシーはハワードの提示したマーケティング・マネジメント論を基礎としながら1960年に『ベイシック・マーケティング―経営者的アプローチ』を著し，統制不可能な要因を顧客，文化・社会的環境，政治・法律的環境，経済・技術的環境，競争的環境，企業の資源と目的として捉えている。これらの統制不可能な要因に制約されながら，企業のマーケティング担当者は，後述する製品（product），価格（price），販売促進（promotion），場所（place）の4つのPを効率的に組み合わせたマーケティング・ミックスを展開することによって標的対象となる顧客を取り囲んでいくマーケティング・マネジメントを展開していくことを示唆している。

　マッカーシーのマーケティング・マネジメントの捉え方に特徴的なことは，ハワードにはなかったマーケティングの中心に顧客を据えたことにある。この

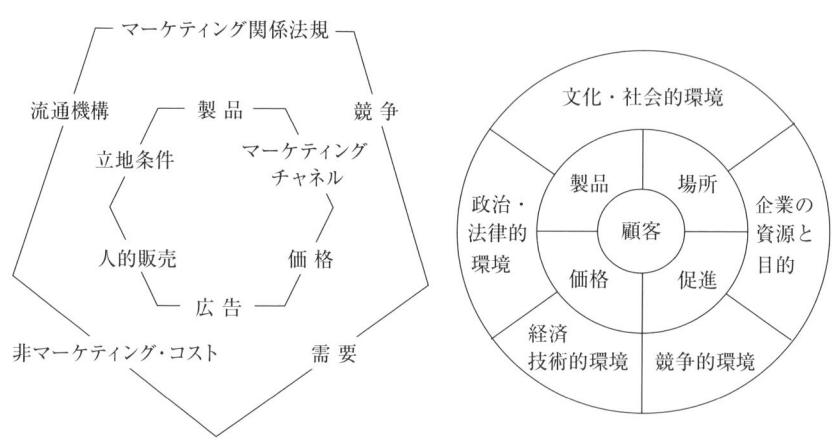

図表 6-1　ハワードとマッカーシーのマーケティング・マネジメント

（ハワードのマーケティング・マネジメント）　　（マッカーシーのマーケティング・マネジメント）

出所：木綿ほか〔1989〕pp.16-17 より。

ことは，現代のマーケティングの中心的課題にも通じる「顧客志向性」を明確に表現している。つまり，顧客は統制不可能な要因の1つではあるけれども，効果的なマーケティング・ミックスによってある程度の統制が可能な要因ともなりうることを表している。まさに特定の製品やサービスに対する熱狂的なファンやリピーターの存在は企業の行う効果的なマーケティングの結果として生まれるのである。

2. マーケティング計画

(1) マーケティング計画の策定プロセス

基本的に今日の企業は将来にわたって無期限に存続する組織体，つまり廃業

や財産整理などをしないことを前提とした継続事業体（ゴーイング・コンサーン：going concern）として存在する。市場のなかで存続するために将来の道筋を大局的観点で見据え，企業のもつ様々な経営資源を効果的・効率的に配分しながら経営戦略を実行している。また，この戦略を実現していくための段階的・部分的な修正である戦術によって長期的な目標から大きく外れないよう微調整する必要がある。

　企業は，日常的な業務遂行にあたって定められた目標に向かって長期的・短期的な観点から計画的にマーケティングの策定プロセスを実行しなければならない。マーケティング計画の策定は，図表6-2に示すプロセスを経て行われる。まず，掲げられた企業理念や目標に基づいて市場機会や脅威などの市場環境を詳細に分析し，自社が保有する様々な経営資源について評価・分析することによって市場機会を見出し，マーケティング目標を設定する。次にマーケティング目標を達成するための標的となる対象市場を選定し，その対象市場に向けて効果的なマーケティング・ミックスを導入する。そして，一連のマーケティング計画による収益性や実現可能性について検討し，問題がなければ実行し，こ

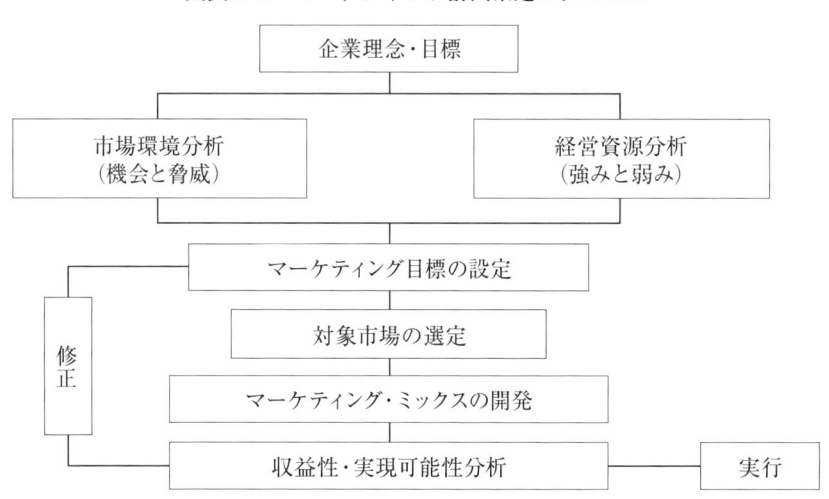

図表6-2　マーケティング計画策定のプロセス

```
           ┌─────────────────┐
           │   企業理念・目標    │
           └─────────────────┘
                    │
       ┌────────────┴────────────┐
┌──────────────┐           ┌──────────────┐
│  市場環境分析   │           │  経営資源分析   │
│ （機会と脅威）  │           │ （強みと弱み）  │
└──────────────┘           └──────────────┘
       └────────────┬────────────┘
                    │
         ┌─────────────────────┐
   ┌─────│   マーケティング目標の設定   │
   │     └─────────────────────┘
   │              │
   │     ┌─────────────────────┐
   │     │    対象市場の選定      │
 修│     └─────────────────────┘
 正│              │
   │     ┌─────────────────────┐
   │     │  マーケティング・ミックスの開発  │
   │     └─────────────────────┘
   │              │
   │     ┌─────────────────────┐     ┌──────┐
   └─────│   収益性・実現可能性分析   │─────│ 実行 │
         └─────────────────────┘     └──────┘
```

出所：木綿ほか〔1989〕p.29。

の段階で修正の必要があると判断されれば再度計画の練り直しが行われることになる。

（2）企業理念・目標

　企業理念は，その企業が目指す方向性や価値観を反映して策定される。経営者の強い思いを明文化した企業理念が経営陣や従業員によって日々実践されていくことで，企業としての強みを発揮することになる。それゆえ企業理念が美辞麗句で終わり，そこに実践が伴わなければマイナスの効果を引き起こすことになる。また，企業理念の策定において，大風呂敷を広げすぎることや自らの活動範囲を狭めるような限定的な理念を設定することについては熟考する必要があろう。かつて，鉄道会社や映画会社が自らの事業領域を「鉄道事業」や「映画事業」に限定して事業活動を行ったために大きな市場機会を逃し，自動車やトラック，飛行機，テレビなどとの競争において後れをとってしまったことはあまりに有名である。

　企業目標は，企業理念を具体的に実現するための事業活動の指針となり，販売額やマーケット・シェアなどの収益性の拡大や市場地位の確保，従業員との良好な関係性，顧客満足の獲得，効率的なサプライチェーンの構築，地域住民や社会とのつながり，環境保全のための配慮，利害関係者への配慮などその対象は広範なものとなる。整理すれば，企業理念や目標の内容は，主に事業活動領域，社会貢献，顧客への姿勢，従業員への姿勢，取引先への姿勢などによって構成され，実現・実行可能なものとして明確に定義しなければならない。

（3）市場環境要因の分析

　マーケティング戦略の立案に先立ってまず明らかにしなければならないことは，当該企業を取り巻く環境を理解することである。企業を取り巻く環境要因には，外部環境と内部環境とに大きく分けられる。まず外部環境からみていこう。企業の外部環境には多種多様な環境要因があるが，ミクロ環境とマクロ環

境に分けて考察していく。

① 企業の外部環境要因
a. ミクロ環境要因

ミクロ環境要因には，供給業者，マーケティング仲介業者，顧客，競合他社，利害関係集団などがある。

供給業者とは，企業が製品を生産し，サービスを提供するために必要な資源を供給する企業である。供給業者との円滑な取引関係や安定的な製品供給はマーケティングの展開上重要な位置を占め，もし何らかの理由によって供給業者との関係が悪化したり，安定的な供給が行われなくなれば短期的には売上を低下させ，長期的には顧客の満足度を損なうことになる。また，マーケティング担当者は供給業者の価格の動向に注視する必要があり，供給コストの上昇は製品価格へと転嫁されることになるため，相対的な販売数量を減少させる。

マーケティング仲介業者とは，最終購買者に対する製品のプロモーションや販売，配送に関する企業を支援する業者が含まれる。たとえば，流通業者や物流業者，マーケティング・サービス代理店や金融機関などを指す。

顧客とは，当該企業が取り扱う製品やサービスを提供しうる顕在的・潜在的顧客市場のことである。顧客市場は，次の5つのタイプに分類される。1）消費財市場とは，製品やサービスを個人的に購入する個人や世帯である。2）生産財市場とは，製品やサービスを購入し，さらに加工や生産工程に利用する組織である。3）流通市場とは，製品やサービスを購入し再販売することで利益を得る組織である。4）行政機関市場とは，製品やサービスを購入し，公共サービスを提供したり，購入したものを必要とする人々に移転したりする行政機関である。5）国際市場とは，国外の消費者，生産者，流通業者，行政機関などを指す。

競合他社とは，当該企業が提供する製品やサービスと類似あるいは関連する製品やサービスを提供する他企業のことであり，企業が成功するためには，競合他社よりも優れた顧客価値を提供し，顧客満足を獲得することが望まれる。企業のマーケティングにおいて標的市場の顧客ニーズを満たすだけでなく，他

社の製品やサービスを凌ぐインパクトを持つ製品やサービスを提供し，競争上優位に立つことが重要である。

利害関係集団とは，ある組織の目的を達成する際，顕在的もしくは潜在的に当該企業に対する利害または影響力を与える集団のことである。たとえば，金融，マスメディア，政府，市民団体，地域，一般大衆，企業内部等が挙げられる。企業がある特定の利害関係集団から得意客を獲得するとか，好意的な口コミ，時間や資金の提供を得ようとする場合，利害関係集団に対して望み通りの反応を引き出すための魅力的なマーケティング計画が必要となる。

b. マクロ環境要因

マクロ環境要因には，人口動態的要因，経済的要因，自然的要因，技術的要因，政治的要因，文化的要因の6つの要因がある。

(i) 人口動態的要因

市場は人間によって構成されており，その動態によってマーケティング計画は調整されることになる。そのため，現代企業は日本の人口動態はもとより，必要に応じて世界各国・各地域における人口動態を把握するなど，マーケティング担当者の人口動態への関心は極めて高い。その要素として人口の規模，密度，地域的分布，年齢構成，性別，人種，職業，出生・死亡率，婚姻率，民族，宗教などがあげられる。近年の日本の特徴としては，都市圏への人口集中と地方都市の過疎化の進展，出生率の低下，高齢化，単身者世帯の増加，晩婚化，有職女性の増加などをあげることができる。

(ii) 経済的要因

経済の好況は消費者の所得や購買意欲，消費支出のパターン，貯蓄や借入れなどに大きな影響を与える。また，産業構造の変化や為替相場，原材料価格の変動なども消費者や企業に対して影響を与える重要な要因となる。企業は国内あるいは国際的な規模で経済状況を適切に予測しなければならない。

(iii) 自然的要因

無限と思われている天然資源（水，空気），有限の天然資源（石油，石炭，各種鉱物），再生可能な資源（森林，食料）について利用抑制や計画的利用，

再生計画に基づく浄化・維持管理をしていかなければ，将来的な資源の枯渇やコスト増加をもたらすことになる。また，石油依存によるエネルギーコストの上昇，あるいはそれにともなう代替エネルギーの開発，産業廃棄物・排出物による公害の増加とそれへの対応，天然資源管理における政府の法的規制による介入など，企業のマーケティングに大きな影響を与える一因となる。

　(iv)　技術的要因

　新技術の開発は新たな製品や市場機会を創り出すことになる。近年の技術革新は目覚ましくそれらのもたらすインパクトにより既存技術の衰退速度が速まる場合も少なくない。たとえば，音楽の聴覚媒体としてカセットテープがCD，MDに取って代わり，さらにはデータ化されるといったように技術革新はこの数十年で劇的に進化している。また変化の方向性は多様である。とりわけ，コンピュータ技術，インターネット技術の変化のスピードは著しく進展しており，情報化への投資がビジネスチャンスを創り出すとして多くの産業や企業で重点的に整備が行われている。

　(v)　政治的要因

　政治的環境要因は法律や政府機関，圧力団体から成り立つ。これらが特定の社会において様々な組織や個人に影響を及ぼし，また制約を与えることになる。具体的には国家や地方公共団体が推進する独占禁止法や競争維持政策，流通近代化・システム化のための諸政策，地域小売商業振興政策，消費者保護政策などマーケティングの意思決定に際して重要な影響を与える要因となる。

　(vi)　文化的要因

　集団の文化や慣習，社会的価値観に規定されながら人々はある社会で成長することで核となる信念や価値観，行動規範が形成される。そうして形成された固有の行動規範や価値観は持続的に個人へ影響を与えることになるが，時代の流れとともに変化することも往々にしてある。現代のようなグローバル化する社会においては各国・各地域から多種多様な文化が入り込んでくる影響から，少なからずそうした文化の影響を取り入れた新たな文化が生み出される場合もある。企業のマーケティング担当者は，消費者に影響を与える文化的環境要因について理解した上で意思決定を行わなければならない。

② 企業の内部環境

　企業の内部環境とは自社内の環境要因のことである。企業内部には経営資源（ヒト，モノ，カネ，情報）や経営能力，マーケティング能力などの諸要因があり，これらを「強み」と「弱み」に分けて分析しなければならない。内部環境の分析において，社内の信頼性の高いデータ情報に基づく分析が可能なため外部環境とは得られる情報の精度が異なる。経営における機能の視点から評価すべき項目についてみていこう。

　(i) 経営能力

　競争企業との比較において，あるいは標的市場に対するアプローチにおける自社の経営能力を分析しなければならない。経営理念の設定と共有化が行われているか，経営戦略の策定能力が備わっているか，戦略目標や経営計画の策定，PDCAサイクル（Plan-Do-Check-Act cycle）が実行されているか，業界全体の成長性と自社の成長性がリンクするか，取り組むべき事業構成に問題がないか，企業イメージが構築されているか，それぞれについて分析しなければならない。

　(ii) 生産能力

　メーカーにとっての中心的な内部環境である。生産管理上重要とされる品質（Quality），価格（Cost），納期（Delivery Time）のいわゆる「QCD」や製品やサービスについて一定の品質水準を提供するために管理すべき人（Men），機械（Machine），材料（Material），方法（Method）のいわゆる「4M」を中心とした生産管理が行われているか，その柔軟性の程度について分析しなければならない。

　(iii) マーケティング能力

　マーケティング能力とは，策定したマーケティング・ミックスによって市場に働きかけていく能力であり，マーケティング能力の高い企業は市場とのコミュニケーションに長けた企業といえる。具体的には，標的市場の選定や市場ポジショニング，自社製品の強みや製品開発力，新規顧客の獲得状況や既存顧客の忠誠度合，価格や流通チャネル，プロモーション戦略の状況，ブランド力などについて分析しなければならない。

⒤　情報能力

　情報技術の急速な発展による経営環境の変化にともなってスピードは，企業経営に付加価値を与える重要な役割を果たすようになっている。情報はあらゆる活動をスピーディに効率よく稼働させ，めまぐるしく変化する市場環境への適応も可能にする。自社の情報収集システムの導入状況やビッグデータの解析，情報分析結果の活用方法，差別化された情報ルートや情報収集スピードなどについて分析しなければならない。

⒱　人材能力

　「企業は人なり」といわれるように，良き人材が企業の業績を決定づけるといっても過言ではないほど人材は重要な内部環境要因の１つである。従業員には，明確な権限と責任の配分，モチベーション管理，意思決定のスピードと正確性，組織文化・風土，年齢構成，能力開発，作業のマニュアル化・標準化，評価制度など企業組織で働く職場環境を整備することが重要である。とりわけサービス業において従業員教育は企業成長のための大きな課題となっている。

⒱ⅰ　財務能力

　財務状態が安定していれば新規プロジェクトの立ち上げや新規生産設備の導入などの投資が可能となる。資産・負債の状況，予算計画と予算・実績管理，安全性・生産性・成長性から捉えた傾向分析，キャッシュフロー分析，資金調達能力など自社の財務状況を分析する必要がある。

(4) マーケティング目標の設定

　企業理念に基づいて，市場環境を分析し，自社の経営能力が確認された後に，企業目標を達成するための具体的なマーケティング目標が設定される。マーケティング目標には，知名度の向上，マーケット・シェアの拡大，売上高や利益の増大など多岐にわたるが，一般的にマーケティング目標は具体的で定量的な指標，たとえば売上高，利益，マーケット・シェアなどによって設定される場合が多い。具体的な指標を設定することにより社内一丸となって目標に向かって業務を遂行することができる。

(5) STP 戦略

　具体的なマーケティング目標が設定された後，マーケティング計画の次の段階としてSTP戦略が行われる。STP戦略とはセグメンテーション（Segmentation），ターゲッティング（Targeting），ポジショニング（positioning）の頭文字をとったマーケティング戦略の初めの一歩ともいうべき考え方である。市場は無数のニーズが混在した集合体であり，たとえば，国や地域や世代間などにより他とは全く違った異質的特性を有している。通常，企業はこうした異質な市場のすべてを標的にすることは極めて困難である。そこで，様々な基準によって，市場全体を同質的な市場にグループ分けするマーケット・セグメンテーション（市場細分化）を行う。細分化された市場を市場セグメントといい，その特性や規模，自社製品が広まる可能性などを考慮したうえで標的とする1つまたは複数の市場セグメントを決定し，選択した市場セグメントのなかでどのような位置づけで製品やサービスを展開していくかを決定しなければならない。

① 市場細分化（Segmentation）

　市場は多様な消費者やニーズから成り立っており，マーケティング担当者は企業目標を達成するために必要な市場機会をどの市場の消費者がもたらしてくれるのかを適切に判断しなければならない。市場細分化の基準には，地理的要因（国，地域，都市，人口密度，気候等），人口動態的要因（年齢，性別，家族数，収入，職業，学歴，宗教，人種，国籍等），サイコグラフィックス要因（社会階層，ライフスタイル，パーソナリティ等），行動的要因（使用機会，使用者のタイプ，使用頻度，ロイヤルティ，製品に対する態度等）がある。これらの基準により消費者を分類し，細分化された市場の特性を明らかにしなければならない。

② 標的市場の設定（Targeting）

　市場細分化によって市場の特性を把握してはじめて企業は参入すべき特定の

市場セグメントを標的とすることができる。自社の企業規模や事業規模，取り扱う製品やサービスの特性などにより，どの市場セグメントを標的とするかは大きく変わってくる。たとえば，大企業であればすべての市場セグメントの要求に対応する製品ラインを提供することも可能であろうし，規模の小さな企業であれば特定の市場セグメントに照準を合わせた対応が好ましいだろう。

③　市場ポジショニング（positioning）

　市場ポジショニングとは，競合他社の戦略を検討したうえで，自社製品やサービス，あるいは自社ブランドの優位性を発揮するために市場のなかでどのような位置取りをするかを決定することである。一般的には自社製品や競合他社の製品特性を比較・分析し，さらに消費者の動向や嗜好などを踏まえて，直接競合しないポジショニングを確保することが望ましい。

（6）マーケティング・ミックスの開発

　標的市場において狙い通りの顧客の反応を引き出すために，企業は操作可能なさまざまなマーケティング・ツールを用いて顧客への接近を試みる。マーケティングを用いた顧客への接近方法は1つではなく，複数の手段を組み合わせて行われる。これをマーケティング・ミックスという。マーケティング・ミックスは，マッカーシーによって整理された製品（Product），価格（Price），流通（Place），プロモーション（Promotion）の4Pが広く知られている。マーケティング・ミックスの開発において最も重要なことは，個別のPの決定ではなく，4つのPのそれぞれの構成要素が整合性を保ちながら最適ミックスとして形成されなければならないということである。たとえば，最先端の技術を駆使した新製品であっても，価格があまりに高すぎたり，どこで販売しているか分からなかったり，どういう製品なのかが広告されていなければその製品が売れないことは自明だろう。

【課題レポート】
① 市場でヒットした製品を1つあげ，その製品のマーケティング・ミックスがどのように組み立てられているか，4P概念を用いて検討しなさい。

【復習問題】
① マーケティング目標における具体的な指標には何があるか答えなさい。
② STP戦略について説明しなさい。
③ マーケティング・ミックスについて説明しなさい。

＜参考文献＞

上田隆穂・青木幸弘〔2008〕『マーケティングを学ぶ（上）―売れる仕組み―』中央経済社。
小川孔輔〔2011〕『ブランド戦略の実際（第2版）』日本経済新聞出版社。
柏木重秋〔1997〕『マーケティング総論』同文舘出版。
木綿良行・懸田豊・三村優美子〔1989〕『テキストブック 現代マーケティング論（新版）』有斐閣。
黒岩健一郎・水越康介〔2012〕『マーケティングをつかむ』有斐閣。
小原博〔2011〕『基礎コース マーケティング（第3版）』新世社。
橋本勲〔1990〕『現代マーケティング論』新評論。
Kotler, P. and K. L. Keller〔2006〕*Marketing Management* (12th ed.), Prentice Hall.（恩藏直人監修，月谷真紀訳〔2008〕『コトラー＆ケラーのマーケティングマネジメント』ピアソンエデュケーション。）
Kotler, P. and G. Armstrong〔2001〕*Principle of Marketing* (9th ed.), Prentice Hall.（和田充夫監訳〔2003〕『マーケティング原理』ダイヤモンド社。）
Kotler, P. and G. Armstrong〔1997〕*Marketing : An Introduction* (4th ed.), Prentice Hall.（恩藏直人監修，月谷真紀訳〔1999〕『コトラーのマーケティング入門』ピアソンエデュケーション。）

第7章

製品戦略入門

> **本章のねらい**
>
> マーケティングとは顧客価値を創造する活動であり，その中心的役割を果たすのが製品戦略である。マーケティングにおいて「製品」概念はどのように捉えられているだろうか。マーケティングにおける製品は，目に見える有形の製品と目に見えない無形の製品（サービス）を含むものと考えられている。市場を見渡せば無数の製品が溢れているが，まずは，これらの製品を分類する基準について整理していく。広く製品には消費者が使用する製品と企業が使用する製品とがあるが，本章では前者を中心に考察する。
>
> 次に，わたしたちは次々と発売される新製品に日々目を奪われているが，新製品とは一体何なのか。新製品はどのような開発プロセスを経ているのか，また，消費者にどのように受け入れられていくのか。市場に投入された製品はどのようなプロセスを経て市場から消えていくのかについてみていく。
>
> 最後に，製品戦略上，企業が最も重視するブランドについてみていく。近年，ブランドは消費者の製品選択に決定的な示唆を与える重要な概念となっている。強いブランドを持つことが企業価値を高め顧客の愛顧を獲得する。この企業が注目するブランドの概念やマネジメントについてみていく。

> **キーワード**
>
> 製品，サービス，ベネフィット，製品ミックス，新製品開発，製品差別化，計画的陳腐化，普及理論，製品ライフサイクル，ブランド戦略

1. 製品戦略とは何か

(1) 製品の概念

　製品（Product）は企業にとって必要不可欠なマーケティング要素であり，製品なくしてマーケティングを考えることはできない。なぜなら，製品はマーケティング・ミックスにおける1つの重要な構成要素であるとともに，価格（Price），流通（Place），プロモーション（Promotion）などマーケティング要素を決定する際の起点となるからである。

　では，製品とは何だろうか。W. レイザーは「製品とは買い手と売り手の問題を解決してくれる手段である」と述べている。つまり，製品は買い手にとって自己の欲求を満足させ，売り手にとっては利益の確保を可能にする解決手段となるというのである。さらに，買い手のベネフィット，つまり，製品を使用することで得られる利便性や満足感を起点として製品概念を捉える P. コトラーは，次のように説明している。「製品とは，欲求やニーズを満たす目的で市場に提供され，注目，獲得，使用，消費の対象となるすべてのものを指す。単に目に見えるものだけが製品ではなく，物的生産物，サービス，イベント，人材，場所，組織，アイディア，これらをミックスしたものを含むもの」と述べている[1]。つまり，製品の概念には市場の欲求やニーズに応えるものであれば有形の製品だけでなく，無形のサービスを含めて製品概念と捉える考え方である。

　製品は，次の3つの階層から構成されるものと考えることができる（図表7-1）。最も基本的な階層は中央にある「製品の核」であり，この層は購入者が問題解決をするために必要とするベネフィットを意味している。たとえば，自動車の購入者は「快適で安全な日々の移動手段」を購入しているのであり，ホテルを利用する人は「快適な休息と睡眠」を購入しているのである。自動車や

図表 7-1　製品の 3 つレベル

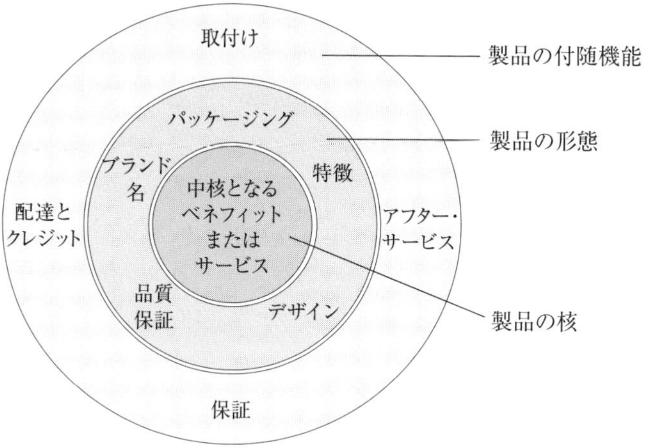

```
        取付け ─────────── 製品の付随機能
     パッケージング ─────── 製品の形態
  ブランド名  特徴
      中核となる
      ベネフィット
      または
      サービス ─────────── 製品の核
  品質保証  デザイン
     アフター・サービス
  配達とクレジット
        保証
```

出所：Kotler and Armstrong〔2001〕（訳書 p.349）より作成。

ホテルが利用されるのはこれらの製品が基本的なベネフィットを提供しているからで，もし代替製品が同等のベネフィットを実現すれば，購入者はこれらの製品でなくてもかまわないのである。ここで注意すべきは，自動車の購入を考える人のなかには，「快適さ」の他にも「優越感を抱きたい」「かっこよく見られたい」などの複数のベネフィットを求める場合がある。したがって企業は顧客が求めるベネフィットを束として捉え，製品を創造しなければならない。

　第 2 の階層は「製品の形態」で，中核となるベネフィットを実現するための具体的な製品形態を表す階層である。自動車の場合，乗車人数やドア開閉方法，エンジンタイプや安全機能などの製品の諸特徴や個性的なデザイン，ブランド名，品質水準などの具体的な特性を持つような製品として設計される。これらの属性は中核となるベネフィットに基づいて便利で質の高い製品形態を提供するべく慎重に組み合わせる必要がある。

　第 3 の階層は「製品の付随機能」で，中核となるベネフィットや具体的な製品形態を取り巻く製品の付随機能を表す階層である。当該製品の購入によって生じる取り付けや配送サービス，クレジットによる支払い，保証，その他アフターサービスやメンテナンスなどの付随サービスである。

(2) 製品の分類

　製品やサービスは，それを利用する消費者によって生産財と消費財とに分類される。生産財とは購入後さらに加工を加えたり，業務を行うために使用する目的で購入される製品である。消費財とは最終消費者自らが個人的に消費する目的で購入される製品である。ここでは消費財を中心に検討する。消費財は消費者の購買習慣に基づいて最寄品，買回品，専門品，非探索品に分類される。これらの製品は消費者の購買方法が異なり，それに応じて販売方法も異なる。

　最寄品とは，消費者が日常的に頻繁に購入する製品を指し，野菜，魚，肉，日用雑貨品，タバコなどが典型である。一般的に製品単価が低く，類似品との比較や購買に際して最小の努力しか必要としない消費財である。企業のマーケティング担当者は，可能な限り消費者の目に触れさせるために多くの小売店頭に置き，製品へのアクセス機会を増やすことが重要となる。

　買回品とは，その購入にあたって複数の店舗を見て回り，いくつかの製品の価格，デザイン，機能，品質などを十分に比較検討して購入を決める消費財のことで，家具や家電製品，中古車，マンションなどが典型である。一般的に製品単価が高く，購買にあたって慎重に製品を吟味することになるため，幅広い品揃えや価格と品質のバランス，顧客への有益な情報提供や問題解決を手助けするような販売員の対応が重要となる。

　専門品とは，消費者がその製品の購入にあたって特別な努力を払ってでも購入しようとする，独自の特性やブランド・アイデンティティを有した消費財のことで，高級自動車や高級ブランド品などが典型である。一般的に製品単価が高く，販売店舗も限定されているが，消費者は製品を比較するために複数の店舗を買い回ることはせず，遠方にある店舗に出向いてでもその製品を指名買いする。専門品のうち競争力を持たせるために，マーケティング担当者はブランド構築がマーケティング上重要な課題となる。

　非探索品とは，消費者がその製品自体について知らない，知っていたとしても積極的に興味を示さない，あるいは必要とするまでは購入を考えない消費財のことで，百科事典や墓地，墓石，生命保険などが典型である。非探索品を販

売する企業は，広告や販売員による積極的なプロモーションによって事前に存在を認知させ，必要とされた時に製品が消費者に想起されることが重要となる。

（3） 製品ミックス

　今日，企業がただ1つの製品のみ提供するということはそれほど多くはない。それは，たとえ1つの製品であってもカラーバリエーションや用途，容量，内容など多様なレパートリーが存在しているからである。複数の製品を提供する場合，それらをどのように組み合わせるかという製品ミックスの問題が製品戦略上重要となる。他の製品と区分できる最小の製品単位をアイテム（品目）といい，アイテムの集合を製品ラインという。

　製品ラインには「幅」と「深さ」という2つの次元があり，幅とは，たとえば製粉メーカーであれば小麦粉だけを取り扱うのか，クッキーやパン，インスタントヌードルも扱うのかによって広がる。また，深さとは，パンのなかでどれだけのモデル数を扱うのかによって深まる。一般的に，製品ラインの深さはブランド（品質，グレード），価格帯などの相違によって設定される場合が多い。製品ラインの幅と深さは企業の製品多角化の程度を表し，製品ラインを拡大する政策をフルライン政策，縮小する政策をショートライン政策とよぶ。

　たとえば，資生堂は化粧品やヘルスケア，レストランなど多角的に事業展開する企業であるが，化粧品事業では，スキンケア，フレグランス，ヘアケアなど7つの製品ラインを擁している。さらに，スキンケアの「エリクシールシュペリエル」ブランドは，基本ケア，スペシャルケア，高機能エイジングスキンケアの3タイプで構成されている。基本ケアは，洗顔料，化粧水，乳液など6つのケア用品に分けられ，それぞれのカテゴリーごとに肌質や肌状態に合わせて用途別製品が展開され，幅と深さの広がりをもった製品戦略を採用している。

　フルライン政策は充実した品揃えという面で多様な消費者ニーズへの細やかな対応を可能にするが，過度な展開は重点的な資源の投入を困難にし，時に広がりすぎた自社製品同士のカニバリゼーションをもたらす危険性もある。

2. 製 品 計 画

(1) 新製品開発のタイプ

　消費者ニーズの多様化や個性化の進展のなかで，新製品を次々に開発していくことは企業にとって容易なことではない。新製品開発はマーケティング・リサーチを基礎としてニーズを吸い上げ，R&D（研究開発）によって具現化していく製品開発活動である。こうして生み出された新たな製品やサービスは市場での厳しい評価を受けることになる。新製品のなかには，これまでにはなかった画期的な新製品だけではなく，軽微な変更による新製品がある（図表7-2）。
　ライン拡張とは，すでに市場において一定の成功を収めているブランド名をそのまま使用し，風味や形，色，原材料，容器のサイズなどを変更し投入する

図表7-2　新製品のタイプ

	既存ブランドネーム	新ブランドネーム
既存製品カテゴリー	ライン拡張	マルチブランド
新製品カテゴリー	カテゴリー拡張	新ブランド

出所：武井・岡本編〔2006〕p.31。

ものである。たとえば，アサヒ飲料では「十六茶」ブランドにブラックティー，黒豆，黒ハトムギなど黒に纏わる健康素材16種類をブレンドして開発した「プレミアム黒十六茶」や，江崎グリコの「ビスコ」をもとに賞味期限5年間の防災対策食品として開発した「ビスコ保存缶」などがあげられる。

　カテゴリー拡張とは，すでに市場において一定の成功を収めているブランド名をそのまま使用し，改良した製品を新たなカテゴリーに投入するものである。たとえば，花王の「メンズビオレ」があげられる。もともと女性用のスキンケア用品として「ビオレ」が販売されていたが，マーケティング・リサーチの結果，男性にも顔に関する悩みに「ベタつき」「アブラ」「テカリ」，体の悩みに「汗」「ニオイ」「ベタつき」があることが判明し，男性消費者のニーズを満たすものとして「メンズビオレ」という新たな男性用スキンケア用品が誕生している。

　マルチブランドとは，現行の製品カテゴリーに新たなブランドを追加的に投入するものである。たとえば，日本コカ・コーラは茶系飲料カテゴリーの「爽健美茶」や「からだ巡茶」の他に，新たに「綾鷹」ブランドを追加投入している。

　新ブランドとは，新分野の製品カテゴリーに新たなブランドを投入する新製品である。たとえば，富士フイルムはこれまでカメラやデジタルカメラなど精密化学製品を製造するメーカーであったが，抗酸化技術とナノテクノロジー技術を応用して新たな分野として化粧品ブランド「アスタリフト」を展開している。

(2) 新製品開発のプロセス

　新製品開発に要する期間や開発費用，労力は企業によって異なる。いかなる新製品も市場に投入して全く売れなければ，企業は相当の損害を被ることになる。そのため，市場導入にあたり販売の確実性を高めるため新製品開発においては綿密な計画に基づく開発プロセスが遂行されることになる。新製品開発のプロセスは図表7-3のとおりである。

図表7-3 新製品開発の主なプロセス

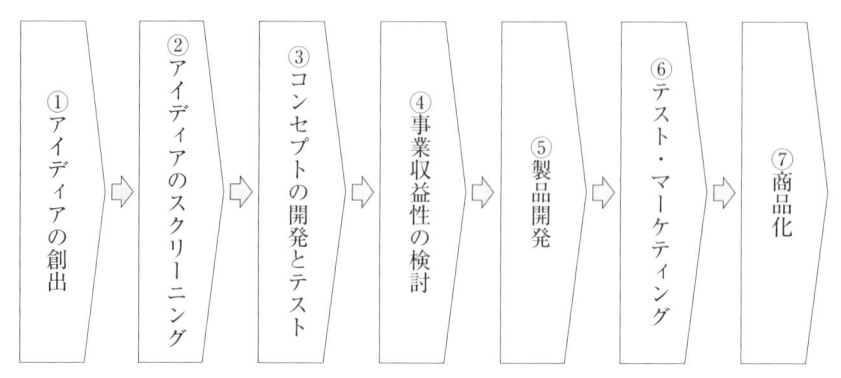

① アイディアの創出 ⇒ ② アイディアのスクリーニング ⇒ ③ コンセプトの開発とテスト ⇒ ④ 事業収益性の検討 ⇒ ⑤ 製品開発 ⇒ ⑥ テスト・マーケティング ⇒ ⑦ 商品化

出所：Kotler and Armstrong〔2001〕（訳書 p.401）をもとに作成。

① アイディアの創出

いかなる製品開発も何らかのアイディアが開発の出発点となる。アイディアの情報源は，顧客，企業内部，競合他社，流通業者，供給業者などあらゆる場所にアイディアのヒントとなる可能性が秘められているため，日頃から情報収集に努めなければならない。新製品開発のための「種」を模索する段階である。

② アイディアのスクリーニング

収集された多数のアイディアは目的に応じて絞り込むアイディア・スクリーニングを行う。製品開発コストは段階が進むにつれて大幅に上昇するため，不必要なアイディアは早期に取り除くことが望ましい。アイディア・スクリーニングは企業ごとに適切な評価基準に基づいて実施される。

③ コンセプトの開発とテスト

絞り込まれた有望なアイディアは製品コンセプトへと発展させる。製品コンセプトとは，製品によりもたらされる機能やベネフィットが明確に表現されたものである。つまり，販売対象は誰か，販売対象にどのように役立ち，ニーズをどのような方法で満たすのかといった要素を考慮しなければならない。製品コンセプトは，標的となる消費者の反応を確認するためコンセプト・テストを

実施し，さらにコンセプトを磨きながら練り上げられていく。

④　事業収益性の検討

製品コンセプトに基づく今回の企画が事業としてどれほど魅力的かを収益性の観点から検討していく段階である。市場ポジショニング，マーケティング・ミックス，売上予測，市場シェア予測，利益目標，マーケティング予算配分など短・中・長期的なプランを組み立てて，その事業収益性を検討する。

⑤　製品開発

これまで積み上げられてきた抽象的な製品コンセプトを具体的に製品化する段階である。ここでは社内の研究開発部門やエンジニアリング部門あるいは製造部門などを通じて数多くの試作品の開発が行われ，性能テストや消費者テストを繰り返すことによって製品としての精度を高めていく。

⑥　テスト・マーケティング

テスト・マーケティングは本格的な市場投入前に期間限定的に特定の販売地域や販売店を通じてより現実的な市場環境のもとで販売が行われるテストである。テスト・マーケティングはあらゆる製品で行われるのではなく，革新的な製品の場合とくに実施されるケースが多い。テスト・マーケティングは詳細な実施計画に基づいて行われ，商品性（機能性，デザイン，ネーミング，価格等）や流通チャネル（販売経路，ストアカバレッジ等），広告宣伝（広告メディア，訴求ポイント等）に対する消費者や流通業者の反応などに問題点がないか確認を行う。

⑦　商品化

市場への本格的な導入段階である。ただし，市場導入に際して市場状況を考慮しながら適切なタイミングと販売地域で導入することが重要となる。

(3) 普及理論

　企業は新製品を市場に導入することによって，他社との熾烈な競争を展開する。先にも述べたが，新製品には全く新しい製品や軽微な変更による新製品があるが，とくに前者のような革新的な製品が市場にどのように受容されるかを考えるときには，ロジャーズのイノベーションの普及プロセスの考え方が有用である[2]。彼はイノベーションがどのように社会や組織に伝播・普及するのかについて実証的研究を行い，採用時期によって採用者を5つのカテゴリーに分類している（図表7-4）。

　イノベーターとは，あまり情報が出回っていない新製品導入初期にリスクを承知で採用する消費者で，いわゆるマニアとよばれるような人たちである。

　初期採用者は，ロジャーズの普及モデルでは最も重要な消費者と考えられている。初期採用者は社会全体の価値観との乖離が小さく，その新製品が価値に見合ったものかどうかを冷静に判断し，新しい価値観や利用法を提示する役割を果たす存在である。イノベーターと初期採用者の2つの層の消費者がイノベーションを採用した段階（普及率が16%を超える段階）で，その後の普及の度合いが決定づけられると考えられている。そのため，この2つ消費者は「オピニオンリーダー」「インフルエンサー」「マーケットメーカー」などとよばれ，

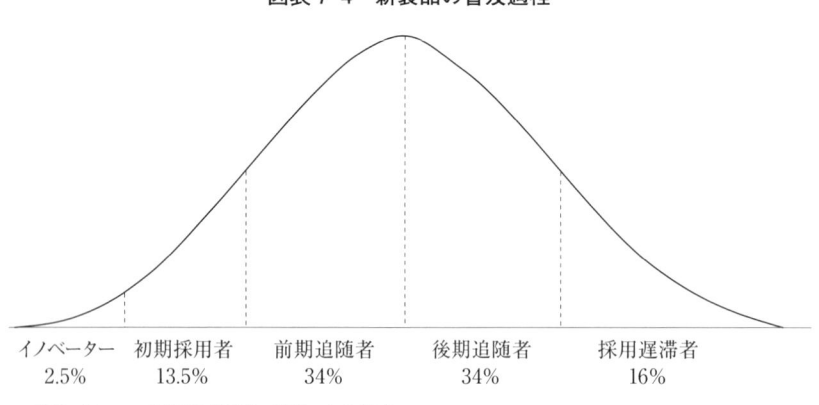

図表7-4　新製品の普及過程

イノベーター	初期採用者	前期追随者	後期追随者	採用遅滞者
2.5%	13.5%	34%	34%	16%

出所：Rogers〔1962〕（訳書 p.162）より作成。

消費者行動論研究やコミュニケーション論において重要視される。

　前期追随者は，オピニオンリーダーからの意見やアドバイスを参考にして，新製品の採用には慎重に判断をして受容していく消費者である。

　後期追随者は，社会全体の半数の人たちが採用したあとで採用を始める，非常にゆっくりとした消費者である。その製品が持つ様々な問題が解決された後で行動を起こす注意深い，あるいは流行に左右されない消費者であるといえる。

　最後に採用遅滞者である。彼らは採用を決める消費者のなかで最も遅い消費者で，革新的な製品や考え方を受け入れるのが遅い消費者である。

(4) 計画的陳腐化

　今日の企業間競争はいかにニーズに合った製品開発を行い，新製品を適切なタイミングで市場導入できるかが重要となる。そのため，場合によっては本来まだ売れる可能性があるにもかかわらず，自社製品の寿命を意図的に短縮することで新たな需要を喚起する計画的陳腐化という手法をとることがある。計画的陳腐化には，次の3つのタイプがある。

①　構造的陳腐化

　構造的陳腐化とは，交換や買替え需要を狙って原材料や生産工程を意図的に操作することにより，製品寿命を短縮させ耐用年数が長くならないように設計する方法である。技術的革新性や心理的目新しさを訴求できない製品の場合に採用されるが，結果としてブランドのイメージダウンにつながる危険性がある。

②　機能的陳腐化

　機能的陳腐化とは，軽微な変更を施した新製品を出すことによって，未だ使用可能な旧製品からの買い替えを促す方法である。新機能を搭載したパソコンやテレビなどの相次ぐ新製品の発売はこの典型であり，旧製品の機能的なマイナス面を浮き彫りにして新製品への買い替えを促している。

③ 心理的陳腐化

心理的陳腐化とは、デザインやスタイル、カラー、パッケージなど外観上のイメージが流行から外れていると消費者に感じさせ、画期的なデザインや斬新なイメージの新製品を導入することで、旧製品を古臭く感じさせようとする方法である。性能や仕様はほぼ同じであっても、デザインやコンセプトの新しさで次々に新製品を投入する自動車やアパレル商品などでよくみられる。

(5) 製品ライフサイクル

人間に寿命があるように、製品にもそれぞれ寿命がある。製品の寿命とは市場導入されてから市場から姿を消すまでのプロセスをいい、これを一般に製品ライフサイクル（Product Life Cycle : PLC）とよんでいる（図表7-5）。近年、消費者ニーズの多様化や企業間の製品開発競争によって製品ライフサイクルは短縮化傾向にある。以下、各期の特徴についてみていこう。

① 導入期

製品が市場に導入される最初の時期である。この時期は、市場が立ち上がったばかりで多くの消費者はその製品の存在自体知らない場合が多い。そのため、ブランド名やその製品の効果・効能を告知するための大々的なプロモーションや店頭での露出を増やすなど流通業者への多額の販売促進コストを必要とする。

② 成長期

消費者の認知度も徐々に高まり、販売促進効果やデモンストレーション効果が働くことで需要が急速に伸び始める時期である。成長市場として続々と後発企業が参入し始めるが、先発者優位が働くため後発企業との間に格差が現れる。市場には、類似品が次々と現れるため差別化競争が次第に激しくなる時期である。

③ 成熟期

需要や市場の成長性が鈍化し，競争企業も出揃う時期である。この時期の消費者の購買行動は新規購入よりも買い替えあるいは買い増し需要が中心となる。売上高の増加が期待できないため，企業は製品の品質改良を試みるか，価格を下げるか，あるいは広告費用をかけるか，ブランドイメージ上の差別化を図る行動をとるようになる。成熟期後半には，売上高や利益率は次第に低下していく。

④ 衰退期

競合する新製品の新規参入やニーズの変化などによって，市場が徐々に縮小し，撤退する企業が現れる。この時期，企業の意思決定には，市場に残って追加的な投資を抑えながら収益を獲得していくことも選択肢の1つであるが，撤退や事業の縮小といった事業存続の可否についての決断も重要となる。

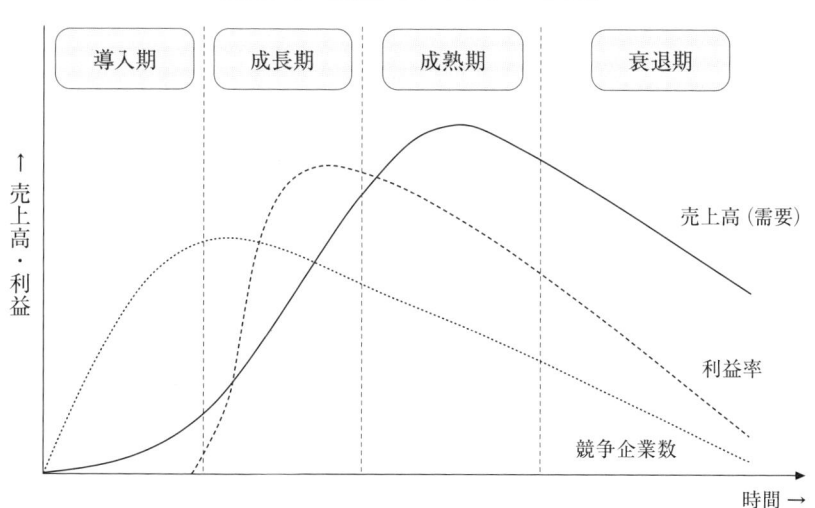

図表7-5　製品ライフサイクル（PLC）

出所：筆者作成。

3. ブランド戦略

(1) ブランドの意義

　マーケティングにおいて用いられるブランドという用語は，シャネルやルイ・ヴィトン，メルセデスベンツといった高級品だけを表す用語ではない。AMAの定義では，ブランドは「ある売り手の財やサービスを，他の売り手のそれと異なるものと識別するための名前，用語，デザイン，シンボル及びその他の特徴」（AMA〔1963〕）とあり，他社の製品やサービスと識別するために付与されたものであれば価格や品質に関係なくブランドとなる。したがって，カルビーの「かっぱえびせん」もウィルコムの「だれとでも定額」もブランドである。ブランドの多くは特許庁に登録することにより法的保護の対象となり，登録者の独占的な使用によって他の競争企業の安易な模倣を避けることができる。

　企業は，競合するブランドのなかから自社のブランドを消費者に選択させるべく，ブランドの認知活動を積極的に進める。これが進めば消費者は，徐々にそのブランドへの愛着を強め，ロイヤルティ（忠誠度）が高まることになる。ブランド・ロイヤルティはその程度によって，ブランド認知，ブランド選好，ブランド固執の段階で捉えることができる。ブランド認知とは，消費者がそのブランドを見聞きしたことがあり，その存在を認知している状態である。この段階では，他社ブランドが全く認知されていなければ有利に競争を進めることができる。ブランド選好とは，単に認知するだけではなく，複数のブランドのなかから習慣的に好んで特定のブランドを購入している段階で，他社ブランドがこうした状態でない場合には，競争において有利な立場となる。ブランド固執とは，消費者が特定のブランドの購入を確定させている段階である。ブランドへの強い愛顧状態を意味し，その製品が店頭になければ目的の製品を求めて複数の小売店を探し回ったり，入荷まで待つといった行動をとる。

ブランド戦略は，消費者との関係において，特定の製品やサービスへの忠誠度を高めようとする製品戦略上重要なマーケティング・ツールである。

（2） ブランドの分類

ブランドは，競争企業の製品やサービスとの差別化を図る目的で採用されるマーケティング手法であるとともに，その品質や性能に関する責任の所在を明確にする手段ともなっている。

ブランドは，誰が主体となって開発するかによって2つに分類される。メーカーが製品を企画し製造するブランドをNB（ナショナル・ブランド）といい，流通業者が独自の使用発注書に基づいて設定するブランドをPB（プライベート・ブランド）という。基本的に流通業者は製造機能を持たないためPBはメーカーに製造委託して製品を調達することになる。アップルの「iPod」，明治の「明治おいしい牛乳」，ライオンの「トップ」などがNBで，イオンの「トップバリュ」，セブン&アイの「セブンプレミアム」はPBである。近年，PBに大手メーカーが参画するようになり，従来の低価格志向型PBの品質イメージが改善され，プレミアムPBとよばれる高品質なPBが普及しつつある。

また，ブランドはマネジメントの観点から，総合ブランドと個別ブランドに区分される。総合ブランドとは，複数の製品ラインに共通して設定され，1つのブランド名称が複数の製品ラインに横断的に利用される。たとえば，ヤマト運輸では，「クール宅急便」「空港宅急便」「パソコン宅急便」など「宅急便」ブランドを横断的に用いている。総合ブランドは製品全体や企業イメージを1つのブランドで訴求するため，コスト面で効率的である。しかし，一度ブランドが傷つくと他のブランドすべてに負のイメージが波及する恐れがある。

個別ブランドとは，個々の製品ブランドごとに設定されるもので，特定の製品ブランドへのロイヤルティを高めてブランド固執へと誘う効果があるが，消費者ニーズに合わせて製品多様化を進める企業にとって製品ブランドごとの販売促進コストが相対的に高くなる。たとえば，江崎グリコでは「ポッキー」「プリッツ」「ジャイアントコーン」など個別のブランド戦略の名称を用いている。

(3) ブランド構築の重要性

　現代の企業にとってなぜブランドが重要なのだろうか。わたしたちの身の回りには多種多様な製品が溢れ返っている。次々と現れる新製品のなかで消費者の選択眼も高まり多少の変化ではすぐには飛びつかない賢い消費者が増えているのである。持続的な市場拡大が難しいこうした状況では，新規顧客よりも既存顧客を大事に育て上げ，彼らを囲い込むことのほうが効率的であるようにさえ感じられる。そこで企業は魅力的なブランドをもつことにより，製品の発売に際して有利に販売を実現させるべく自社ブランドに忠誠的な優良顧客を育て上げることに躍起になっている。ブランドを構築することは，企業にとって4つの点でマーケティングを行いやすくする。第1に，固定客をつかむことで安定的な売り上げ確保が期待できる。第2に，認知度の高いブランドを保有することで企業イメージが高まる。第3に，認知度の高いブランドは指名買いの対象となり，流通業者との取引を有利に展開できる。第4に，強力なブランドを持つ企業はそのブランド力を利用して関連する製品分野や新規事業への進出，あるいは異分野への参入の機会が与えられる，などである。

　ブランドの構築は体系的に行われなければならず，全社レベルでのブランドの構成や配置をいかに管理していくかといったブランド管理が重要となる。

【課題レポート】
① ある企業の製品ミックスがどのように構成されているか検討し，その企業の製品戦略の特徴について考察しなさい。
② 企業はなぜブランドを構築するのかについて事例を用いて説明しなさい。

【復習問題】
① 最寄品，買回品，専門品，非探索品について説明し，それぞれ具体的な製品を例示しなさい。
② 計画的陳腐化の3つのタイプについて説明しなさい。
③ 具体的な製品を1つあげ，その製品が製品ライフサイクル上どの位置にあるか，またなぜそのように考えるのか説明しなさい。

④　ナショナル・ブランドとプライベート・ブランドの違いについて説明しなさい。

<注>

1) Kotler and Armstrong〔2001〕（訳書 p.344）。
2) Rogers〔1962〕（訳書）を参照。

<参考文献>

上田隆穂・青木幸弘〔2008〕『マーケティングを学ぶ（上）―売れる仕組み―』中央経済社。
小川孔輔〔2011〕『ブランド戦略の実際（第2版）』日本経済新聞出版社。
小原　博〔2011〕『基礎コース　マーケティング（第3版）』新世社。
木綿良行・懸田豊・三村優美子〔1989〕『テキストブック　現代マーケティング論（新版）』有斐閣。
黒岩健一郎・水越康介〔2012〕『マーケティングをつかむ』有斐閣。
武井　寿・岡本慶一編〔2006〕『現代マーケティング論』実教出版。
新津重幸・庄司真人〔2008〕『マーケティング論』白桃書房。
Kotler, P. and G. Armstrong〔2001〕*Principle of Marketing*（9th ed.）, Prentice Hall.（和田充夫監訳〔2003〕『マーケティング原理』ダイヤモンド社。）
Kotler, P. and K. L. Keller〔2006〕*Marketing Management*（12th ed.）, Prentice Hall.（恩藏直人監修，月谷真紀訳〔2008〕『コトラー＆ケラーのマーケティングマネジメント』ピアソンエデュケーション。）
Rogers, E. M.〔1962〕*Diffusion of Innovations*, Free Press.（三藤利雄訳〔2007〕『イノベーションの普及』翔泳社。）

第8章

価格戦略入門

本章のねらい

　価格（お金）は，私たちの日々の生活のあらゆる場面にかかわっている。その価格は，できれば安い方が良い，さらにいえば無料（タダ）であれば一番良いと考えるのが一般的である。一時期，携帯電話本体が無料もしくは極めて低価格で販売されていたことがあった。多くの機能が搭載され，多数の部品から構成されている携帯電話本体が無料もしくは極めて低価格で販売されているのを不思議に思ったことはないだろうか。「インターネットの検索サイト」，「携帯電話ゲーム」は無料で利用できるし，無料で通話やメールができる「LINE」というものも普及している。企業は売上げや利益を獲得しないと事業を継続することができないのに，なぜこのようなことが可能なのかを考えることも価格（Price）戦略である。

　価格は，歴史的にみて売り手と買い手との交渉によって決められていた時代が長く続いた。売り手による価格提示のみに変わったのは，百貨店などの大規模小売業の登場によってである。しかしながら最近はインターネットの普及に伴い，売り手と買い手の価格交渉の時代に逆戻りしている部分もある。

　本章ではこのような価格のしくみ，価格交渉の主導権等についても学んでいく。

キーワード

価格の重要性，価格の決定方法，損益分岐点，需要の価格弾力性，価格戦略，価格における問題，競合・代替関係，価格競争への対応，インターネット

1. 価格の意義

(1) 価格の重要性

マーケティングにおいて価格が重要であるのは，次の理由からである[1]。まず第1に価格は，顧客が商品を購入する際に支払う対価であるため，顧客はその商品の価値を価格と比較して妥当かどうか判断して購入するか否かを決定するからである。第2に価格は，企業にとって商品単位当たりの収入を規定するからである。商品を販売するためのマーケティング・コストは，この収入から賄われることを考えると，価格はマーケティング・コストの支出水準をも規定する。第3に顧客が商品についての情報を充分に持っていない場合には，価格が顧客にとって品質判断の基準となることがあるからである。たとえばブランド力のある商品の場合には，高い価格が価値を生み出すこともある。

(2) マーケティング・ミックスの中における価格

メーカーにおいて価格以外のマーケティングの4Pである，製品（Product）における新製品開発コスト，チャネル（Place）における流通業者への利益やリベート，販売促進（Promotion）における広告宣伝コストなどは，メーカー出荷価格から製造原価を差し引いた利益から支出するため，当然，出荷価格（利益）を低く（少なく）すると他の4Pに支出できるコストが少なくなり，適切なマーケティング戦略を実施できないことを意味する。すなわち価格設定の問題は企業全体のマーケティング戦略を左右する大きな意味を持つものである。これはメーカーだけでなく，小売業やサービス業にもいえることである[2]。

2. 価格の決め方

(1) 価格の決定方法

それでは企業はどのようにして価格を決定しているのであろうか。それは大きく3つに分類できる[3]。

① 商品のコストを重視するコスト志向型価格決定法

コスト志向型価格決定法は，メーカーであれば製造原価に販売管理費と目標利益を加えた価格，卸売業や小売業であれば仕入原価に販売管理費と目標利益を加えた価格の決定法である。この方法であれば，ある一定数量以上が売れれば必ず利益を確保することができる。

② 需要の大きさを配慮する需要志向型価格決定法

顧客が，その商品をどの程度の価格であれば購入しても良いと思うかを考えた価格の決定法である。

③ 競合企業の価格を重視する競争志向型価格決定法

メーカーであれば類似製品を販売している競合企業の価格を参考に，小売業であれば競合する小売業の販売価格を参考にする価格の決定法である。

(2) 損益分岐点

損益分岐点売上高とは，売上高と費用が同一となる点をいう。損益分岐点より売上高が高いと利益を獲得することができ，逆に低いと利益を獲得することができない，いわゆる赤字となる。

損益分岐点を考える場合には，費用を固定費と変動費の2つに分けて考える[4]。メーカーの場合，固定費は生産数量に関わらず発生する費用である正社員の給料・賃借料・減価償却費などである。変動費は，生産数量に応じて発生する費用である原材料費・水道光熱費・臨時社員の給料や残業代などである。固定費は生産数量が変動しても変わらないため，生産数量が増加するほど製品1つ当たりが負担する固定費は少なくなるが，逆に生産数量が減少するほど製品1つ当たりが負担する固定費は大きくなる。すなわち，大量生産が可能なメーカーほど製品1つ当たりの固定費が少なくなるため利益も大きくなる。ただし，臨時社員の給料や正社員の残業代が必要となるほど生産数量が増加した場合は，その限りでない。その際には，大量生産できる新しい機械の投入などを考える必要がある。

製品1つ当たりの変動費は総費用線の傾きに反映されており，製品の価格は売上線の傾きに反映されている。仮に販売価格が低い場合には売上線の傾きが緩やかになり，売上高と総費用が一致する損益分岐点は右方向に移動する。逆に販売価格が高い場合には売上線の傾きが急になり，売上高と総費用が一致する損益分岐点は左方向に移動する。したがって販売価格を高くすると少ない売上数量で損益分岐点に達することができ，逆に販売価格を低くすると売上数量を多くしないと損益分岐点に達しない。そのため販売価格を高くするのが良い

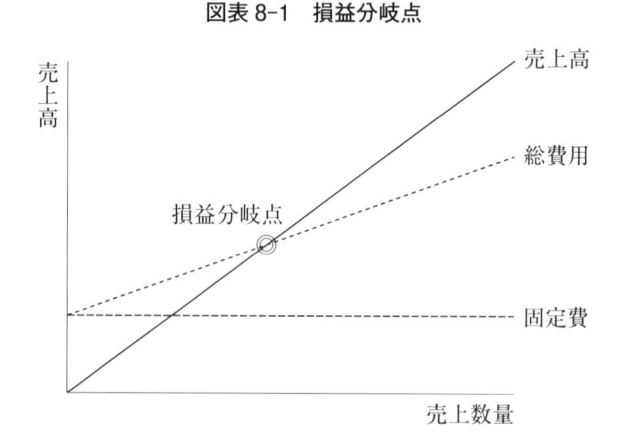

図表8-1　損益分岐点

と考えがちであるが，価格を高くした場合にその価格で顧客が購入してくれるか否かという問題が発生する。すなわち，損益分岐点売上高を上回ることができる売上高を獲得できる適切な販売価格の設定が求められる。損益分岐点を上回る売上高をあげることができないと考えられる場合には，総費用を削減することができないか検討する必要がある。損益分岐点売上高は，次の公式によって算出する。

$$損益分岐点売上高 = \frac{固定費}{1 - \dfrac{変動費}{売上高}}$$

（3） 需要の価格弾力性

ある商品に対する需要は，一般的に価格が高くなれば減少し，反対に価格が低くなれば増加する。価格の変動によって，ある商品の需要が変化する度合いを示す数値のことを価格弾力性という。たとえばある商品の価格が10％値上がりしたときに，その需要量が5％減少したとすると，この場合の価格弾力性は0.5となる[5]。

すなわち価格弾力性の数値が1より大きいと弾力性が大きいといい，反対に1より小さいと弾力性が小さいという。一般的にお米や野菜などの生活必需品は弾力性が低く，反対にファッション衣料や宝飾品は弾力性が高いといわれている。価格の需要弾力性は，次の公式によって算出する。

$$価格弾力性 = \frac{需要の変化率}{価格の変化率} = \frac{\dfrac{売上数量の変化量}{売上数量}}{\dfrac{販売価格の変化額}{販売価格}}$$

3. 価格戦略

(1) 小売業における価格戦略[6]

① 正札価格戦略

正札価格戦略は、どの顧客に対しても、その小売業が決めた価格で販売する価格戦略である。どの顧客にも同じ価格で販売するために顧客からの信頼を受けることができる価格設定である。世界で最初に正札価格戦略を始めたのは、越後屋（現在の三越）であるといわれている。世界的には、百貨店（デパート）の誕生により正札価格戦略が普及した。百貨店が誕生する前の小売業では、顧客ごとに販売する価格が異なることが一般的であり、売買の都度、小売業と顧客が価格交渉していた。

正札価格と同じ意味で用いられる価格として定価があるが、定価は再販売価格維持契約を結んだ商品の価格に使われるものであり、正札価格とは異なり、メーカー希望小売価格とも異なる。

② 端数価格戦略

顧客の心理的な効果を考えて、98円とか980円というような端数をつけた価格で販売する戦略である。きりの良い価格から少し値引いた価格で販売する戦略であり、スーパーマーケットなどでよく利用されている。そのため顧客は安く感じることが多いが、スーパーマーケットの定番商品（ゴンドラに陳列されている商品）は、実際にはそれほど安い価格で販売されていない。

ある研究によれば、顧客は価格を四捨五入でなく「左から右に」読んだまま捉える傾向があるという。すなわち1,000円と980円は、20円の差であるが、小売業においてその差が顧客の購入におよぼす影響は大変大きいため、この価格戦略が採用される。

③ 慣習価格戦略

顧客が購入しやすい価格を設定し，商品の内容量をその価格帯にあわせるようにして販売する戦略である。缶飲料，ペットボトル飲料でよく利用される価格戦略であり，自動販売機において缶飲料は 120 円，500ml ペットボトル飲料は 150 円で販売されていることが多く，それよりも高い価格で販売すると顧客は高いと感じてしまうため，メーカーは製造原価が異なっていても同じ価格で販売している。

④ 段階価格戦略

価格の幅が多い商品を，高級品・中級品・普及品といったような 3 段階程度のよく売れる価格帯に絞り込んで販売する戦略である。同じような商品であまりに多くの価格があると顧客が商品選択する際に迷ってしまうために，顧客の利便性を考えた価格戦略である。うなぎ屋でのうな重の松・竹・梅はその代表例であり，日本人の多くは真ん中の価格を選択する傾向があるといわれている。

⑤ 均一価格戦略

仕入価格の異なる商品を，同一の価格で販売する戦略である。100 円ショップや特定の売り場での 1,000 円均一などが，その代表例である[7]。

⑥ 割引価格戦略

メーカー希望小売価格や自店通常価格から一定率を割り引いた価格をつけて販売する戦略である。この価格戦略は，衣料品や家電製品の売場で利用されることが多い。

⑦ 特別価格（特価）戦略

顧客を集客するために，特定の商品を仕入価格より安く販売する戦略であり，周年祭やスーパー等の新店舗開店などにおいて用いられる価格戦略である。

ただし仕入価格を下回る価格での販売を継続した場合，他の小売業に影響を及ぼすとして独占禁止法（私的独占の禁止及び公正取引の確保に関する法律）違

反となることもある。

⑧　見切価格戦略

　生鮮食品や季節商品を売り切るため，または取り扱いを中止する商品を売り切るために，通常の価格より大幅に値引きして販売する戦略である。スーパーマーケットの閉店時間近くに総菜などを値引き販売しているのはこの戦略である[8]。

⑨　名声価格戦略

　その商品が高品質であることを顧客に連想させるために，高価格をつけて販売する戦略である。主に高級ブランド商品で採用される価格戦略である。
　このような商品においては端数価格設定しない方が，よりブランド性を訴求することができる。逆にこのような商品を安売りするアウトレットストアなどでは，端数価格設定が有効である。

⑩　ハイ＆ロー・プライス戦略（High And Low Price）

　スーパーマーケットやドラッグストアなどにおいて，顧客を集客するために実施する価格戦略である。日替わり特売，週間特売などであり，特売時以外は価格が上がるため，消費者からの価格不信につながるとともに，メーカーにとってはブランド力の低下につながるというデメリットがある。日本の小売業の多くが実施している価格戦略である。

⑪　エブリデー・ロー・プライス戦略（Everyday Low Price：EDLP）

　商品や日時を限定することなく，小売業が常時低価格で販売する価格戦略である。アメリカのウォルマートなどが実施している価格戦略である。

(2) メーカーにおける価格戦略[9]

① 建値制

メーカーが設定する各流通段階における製品の価格体系である。メーカー希望小売価格を基準として、小売業が卸売業から仕入れる価格（メーカー希望卸売価格）ならびに卸売業がメーカーから仕入れる価格（メーカー出荷価格）をメーカーが設定するものである。

図表8-2 建値制の例

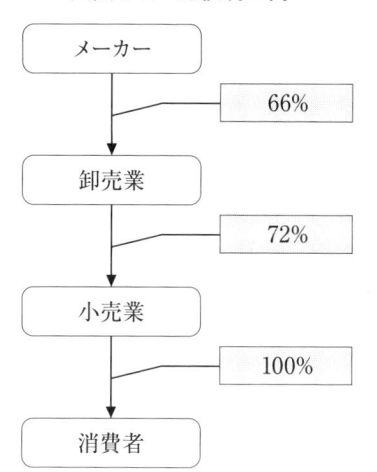

```
┌─────────┐
│ メーカー │──── 66%
└────┬────┘
     │
┌────▼────┐
│  卸売業  │──── 72%
└────┬────┘
     │
┌────▼────┐
│  小売業  │──── 100%
└────┬────┘
     │
┌────▼────┐
│  消費者  │
└─────────┘
```

② オープン価格制

家電製品や冷凍食品の安売り競争により、メーカー希望小売価格が形骸化しブランド価値の低下をもたらしたため、各流通段階における価格設定権をそれぞれの流通業者にゆだねる価格体系である。メーカーはメーカー出荷価格のみを設定し、卸売価格は卸売業に、小売価格は小売業に価格設定をまかせる戦略である。

③ 再販売価格維持契約

メーカーなどが流通業者に指定した価格で販売させる契約である。現在は、本・雑誌・新聞などの著作物のみに再販売価格維持契約が認められており、それ以外の商品で販売価格を拘束すると独占禁止法違反となる。メーカー希望小売価格通りで販売させなくとも、値引率をメーカーの指定する一定範囲におさめないと商品を出荷しないということをメーカーが行うことも独占禁止法違反となる。

④ 上澄吸収価格戦略

市場導入期にある製品の価格を比較的高い価格で販売する戦略である。新製品の価格にあまり敏感でない顧客に対し高価格で販売することで、製品開発費

や販売促進費そして広告宣伝費を早期に回収しようとする戦略である。競合製品が参入してきた際には，価格を引き下げて対抗するのが一般的である。主に革新的新技術を採用した家電製品などで利用される。

⑤　浸透価格戦略

市場導入期にある製品を早期に市場に浸透させるために低価格で販売する戦略である。低価格で一気に市場を独占し，競合企業の参入を防ぐ戦略である。

(3)　価格における問題[10]

①　二重価格表示

実際の販売価格に，メーカー希望小売価格や自店通常価格等を併記して，安さを強調する価格表示である。ただし，自店通常価格などで販売した期間が短い場合には独占禁止法違反となることもある。衣料品や家電製品においてよく利用されている。

②　価格カルテル

ある小売業者が売上拡大のために価格を引き下げると，競合する小売業者も価格を引き下げることで，価格引き下げ競争となり双方の小売業者が共倒れとなることもある。それを避けるためにメーカー間ならびに小売業者間で販売価格の協定を結ぶことを価格カルテルという。価格の不当な維持ならびに引き上げを目的としたカルテルは企業間の自由な競争を妨げ，公共の利益に反するため独占禁止法違反となる

原材料費の値上がりなどにより価格の維持が厳しくなった場合に，ビール業界や清涼飲料業界などでは市場シェアの高いメーカーが率先して価格引き上げを行うことがある。市場シェアの高いメーカーが価格を引き上げると，他のメーカーも追随して値上げすることがあり，これを価格指導制という。

③ 抱き合わせ（バンドル）販売

　ゲームソフトの販売などにおいて，人気があり良く売れるソフトとあまり売れないソフトをセットにして販売することによって，売上増加をはかる価格戦略である。ゲームソフトにおける抱き合わせ販売も節度をこえた場合には，独占禁止法違反とされたこともある。個人用のパソコンにプリンターをセットにして安く販売することもあるが，プリンター・メーカーは競合の激しいプリンター本体の販売において安くセット販売することにより利益を得ることができなくても，プリンターの交換用インクカートリッジで高い利益を得ることを考えているために行う戦略である[11]。

4. 競合における価格戦略

（1） 競合・代替品の価格

　顧客はより良い商品，より自分の好みにあった商品を購入しようと考える。しかしながら自分の好みにあった商品の価格が高すぎる場合にはその商品を購入することをあきらめ，自分が妥当であろうと思う価格の商品を購入する。したがって競合する商品の販売価格は競合品・代替品と比較した上での顧客の価値に応じて相対的な関係を持つ。すなわち競合品・代替品の価格が高ければ自社の価格を高く設定することができるが，逆に低ければ自社の価格を低く設定せざるを得ない。これはメーカーだけでなくスーパーマーケットなどの小売業にもおいても同様である。小売業のイメージ・店舗のつくり・レジでの接客・店員の身なりなどが競合する小売業よりも高い場合には，高い価格を設定することができるが，逆に低い場合には安い価格設定をせざるを得ない。この場合に留意すべき点は，競合・代替品が何かを明確に把握することである。ただ単に似た製品であるから，近くにある同じ業態の店舗であるから競合・代替の関

係にあると考えるのではなく，顧客が「どちらにしようか」と考える場合に競合・代替関係が発生する。

（2） 競合からの価格競争への対応

　メーカーや小売業における価格設定は，競合・代替品の価格が規定要因として作用する。したがって競合・代替品の価格が変更されれば，自社の価格も変更する必要が生ずる。価格はマーケティングの４Ｐの中では比較的変更することが容易であるとともに，顧客の識別能力（反応力）が高いことから競争手段として利用されることが多い。すなわち「価格競争」という戦略が採用されやすい。

　そこで，競合から価格競争という攻撃を受けた場合の対応について考えてみる。ここでは，理解しやすくするため競合メーカーからの価格競争への対応について考える[12]。

　まず競合メーカーの地位（売上高・知名度）が自社よりも相対的に劣っており，そのメーカーから価格引き下げ競争を受けた際には，価格引き下げ戦略に必要なコストが，その戦略を実施しない場合に生ずるであろうと考えられる売上減少分を上回っている場合には，競合メーカーからの価格引き下げ競争を無視することが良いと考えられる。なぜなら，その価格引き下げ戦略に必要なコストの方が大きいために自社の利益がより多く減少してしまうからである。

　次に競合メーカーの地位が自社よりも相対的に劣っているという同じ条件下でも，価格引き下げ戦略に必要なコストが，その戦略を実施しない場合の売上減少分よりも少ない場合には，価格引き下げ戦略を実施すべきであると考えられる。それにより競合メーカーの売上増加を幾分たりとも阻止することができるとともに，競合メーカーの利益率減少につながるからである。

　さらに競合メーカーの地位が自社と同等もしくは自社よりも相対的に優れており，そのメーカーから価格引き下げ競争を受けた際には，価格引き下げ戦略に必要なコストが戦略を実施しない場合に生ずるであろうと考えられる売上減少分を上回っている場合には，同等の地位のメーカーの場合には価格引き下げ

図表8-3 競合企業からの価格競争への対応策

	競合企業の地位	
価格競争への対応コスト	劣 位	同等もしくは優位
過大	無 視	適 応
適正	反 撃	防 御

出所：池尾〔2010〕p.450 を筆者修正。

競争が泥沼のように続くことが考えられ，また自社より優れているメーカーの場合には価格引き下げ競争を実施しても企業体力的に負ける可能性があるため，積極的な価格引き下げ競争をするのではなく，適切な対応（適応）をするのが良いと考えられる。

最後に競合メーカーの地位が自社と同等もしくは自社よりも相対的に優れており，そのメーカーから価格引き下げ競争を受けた際には，価格引き下げ戦略に必要なコストが，戦略を実施しない場合の売上減少分よりも少ない場合には，競合メーカーの価格引き下げ戦略の効果を減少させるために，自社の価格も引き下げるという防御戦略をとるのが良いと考えられる。

5. インターネットの普及が及ぼす価格戦略への影響

近年インターネットの普及が企業の価格戦略に大きな影響を及ぼしている[13]。第1に顧客は店舗に直接訪れることなく，多数の小売業の価格を比較することができることである。たとえば顧客が購入したいと思う家電製品の型番がわ

かっていて，価格.com（企業名：カカクコム）で検索すると，一番安い価格を提示している小売業を簡単に見つけ出すことができる。これまで顧客は自分の住んでいる周辺の小売業で販売されている価格で購入するしかなかったが，日本中で一番安い価格で購入することができるようになった。ネットでは商品を直接見て購入することができないという欠点があるが，これも近くの小売業で実際の商品を見てさらに販売員の説明を受けた上で，ネットで最も安く購入することもできる。これはネットで販売する小売業が商品説明を他の小売業にフリーライドしているという問題が発生するが，顧客側がそのようなことを考えることは少ない。すなわち店舗を持たず無店舗で販売する小売業は商品陳列や商品説明は他の小売業にフリーライドすることによって，自らはそれらの経費が不要なため，価格.com で低価格販売するという戦略を採用することができることを意味している。

第2に顧客が価格提示して，それに応じてくれる企業を探すことができるようになったことである。アメリカのプライスライン.com は，顧客が航空券やホテルの宿泊について利用日・移動区間・宿泊地域を明確にした上で希望購入価格を提示すると，売り手である航空会社・ホテルなどがその価格で販売するか否かを決定するサイトである。飛行機やホテルの予約では利用日よりかなり早期に予約すると安く，利用日近くになると高くなり，利用日直前に空きがあると最も安い価格設定がなされることを利用したものである。

第3に無料化である。無料の携帯電話ゲーム，スマートフォン用の無料アプリ，無料アプリの中でも通信やメールを無料で利用できる「LINE」といったように無料で利用できるものが多数存在するようになった。これによって，それらを有料で販売していた企業に大きな影響を及ぼしていることは明らかである。

第4にアマゾンなどによるリコメンドである。これは直接的な価格の問題ではないが，他の顧客グループと同じような購買傾向を持つ顧客に対し，まだ購入していない商品を奨めることで売上拡大につなげることができるようになった。価格競争が激しいネットにおいて，他の商品も一緒に購入してもらうことができれば売上げと利益が増加するだけでなく，配送料金も分散することがで

きるというメリットがある。

　第5にネットオークションで価格を交渉したり，販売することができるようになったことである。自分のコレクションである希少品などを簡単に購入することができたり，逆に不要な希少品などを簡単に販売することができるようになった。これは商圏が広がることで希少品を安く購入できたり，逆に高く販売することができるようにもなったことを示している。

【課題レポート】

① 携帯電話ゲームやスマートフォン用の無料アプリが，無料である理由について述べなさい。そのことにより，どのような問題が発生するかについても述べなさい。

② コンビニエンス・ストアのお弁当と競合関係にあると考える小売業・飲食業・サービス業を取り上げるとともに，それらがなぜ競合関係にあるか述べなさい。

【復習問題】

① 慣習価格戦略で販売している商品をあげなさい。

② 抱き合わせ（バンドル）販売している商品をあげなさい。

<注>
1) 池尾〔2010〕p.440。
2) 池尾〔2010〕p.440。
3) 日本商工会議所編〔2005〕pp.114-115。
4) 池尾〔2010〕pp.441-442。
5) 池尾〔2010〕pp.444-445。榊原〔2011〕pp.87-89。
6) 榊原〔2011〕pp.89-92。日本商工会議所編〔2005〕pp.115-117。
7) 一時期，脚光をあびた「100円生鮮コンビニ」で菓子パンの仕入価格表を見せてもらったことがあるが，同じパンメーカーでも商品によって価格が異なっていた。
8) コンビニエンス・ストアでも定番商品からカットされた商品をレジ周辺で安く販売していることがある。
9) 池尾〔2010〕pp.442-443。榊原〔2011〕pp.93-95。
10) 榊原〔2011〕pp.96-97, pp.103-106。日本商工会議所編〔2005〕p.117。
11) 1990年代後半頃にパソコンメーカーが，官公庁などに対してパソコン本体を100円以下の極めて低価格で販売する入札を行い，それに付随するソフトウェアの販売や保守契約を請け負うことで利益を得ることが問題視されたこともあった。

12) 池尾〔2010〕pp.448-450。
13) コトラー&ケラー（訳書）〔2009〕p.538。丸山〔2011〕p.43。

＜参考文献＞

池尾恭一〔2010〕「マーケティング」池尾恭一・青木幸弘・南知惠子・井上哲浩『マーケティング』有斐閣。

コトラー，フィリップ，ケビン・レーン・ケラー（恩藏直人監修，月谷真紀訳）〔2009〕『コトラー&ケラーのマーケティング・マネジメント（第12版）』ピアソン・エデュケーション。

榊原省吾〔2011〕「価格戦略」西田安慶・城田吉孝編『マーケティング戦略論』学文社。

日本商工会議所編〔2005〕『販売士検定試験3級ハンドブック―マーチャンダイジング―』カリアック。

丸山正博〔2011〕『電子商取引の進展　ネット通販とeビジネス』八千代出版。

第9章

プロモーション戦略入門

本章のねらい

　マーケティングにおける「4つのP」のうち，3つめのPがこのプロモーション (Promotion) である。企業はなぜプロモーションを行うのだろうか。プロモーションで何を得ようとしているのだろうか。そしてどのような戦略で行っているのだろうか。

　本章では，企業が行うプロモーション活動がどのような戦略で行われているのかを理解することを目標に，まずプロモーションおよび基本的なプロモーションツールの役割について，次にプロモーション戦略立案と管理，そして評価について学ぶ。最後に，企業のプロモーション活動が国際化していることを踏まえ，国際プロモーション戦略についても習得する。

キーワード

　広告，販売促進，パブリック・リレーションズ，人的販売，ダイレクト・マーケティング，統合型マーケティング・コミュニケーション

1. プロモーションとは

　プロモーションとは，商品やサービスを販売したい相手であるターゲット消費者に対して，メッセージを発信するあらゆるコミュニケーションおよびコミュニケーションツールのことである。メッセージとは，自社商品やサービスに興味を持ってもらう，実際に購入してもらう，繰り返し購入してもらうために，ターゲット消費者に対して発信する情報のことである。つまり，プロモーションはコミュニケーションによって消費者需要を喚起し，また需要を維持するためのマーケティング活動である。

　このプロモーションのやり方は一様ではない。たとえば，Aという商品を認識している消費者には，競合商品・サービスとの違いといった購入動機となる付加価値を情報として発信することが主体となる。一方，同商品を認識していない消費者に対しては，最初にその商品やサービス自体を認識してもらえるような情報を発信することが必要となる。よって，プロモーションは，まず誰にどのような情報を発信すべきなのかを考えることになる。次に，ターゲットとなる消費者にいかに伝えたい情報を発信し，商品・サービスの価値を認識させ，消費意欲を増加させるかを考えることが必要である。商品・サービスの種類や内容，またターゲットとしたい消費者層の当該商品・サービスへの認知度や欲求度合いなどにより，コミュニケーションのために利用するツールも異なる。このプロモーション活動におけるコミュニケーション・ツールとは，①広告，②セールス・プロモーション，③パブリック・リレーションズ，④人的販売などである[1]。では，これらプロモーションツールの役割と特徴をみていこう。

(1) 広　　告

　広告は媒体を通じて伝達するメッセージのことである。広告媒体には様々な

種類がある。4大マスメディアとよばれる新聞，雑誌，ラジオ，テレビや，看板やポスターなどの屋外広告，電車やバスなど交通機関内の吊り広告に代表される交通広告，新聞の折込広告（チラシ），店先のPOP広告，街頭でも配布されるフリーペーパーやフリーマガジン，さらには郵送で自宅に送られてくるダイレクトメールも広告媒体である[2]。

ここで，日本における広告支出およびその内訳を見てみよう（図表9-1）。株式会社電通が「日本の広告費」で発表した2010年度の日本の総広告費は，5

図表9-1　日本の4大メディアへの広告費と構成比

	広告費（億円）			構成比（％）		
	2008年	2009年	2010年	2008年	2009年	2010年
総広告費	66,926	59,222	58,427	100.0	100.0	100.0
4大メディア広告費	32,995	28,282	27,749	49.3	47.8	47.6
新聞	8,276	6,739	6,396	12.4	11.4	11.0
雑誌	4,078	3,034	2,733	6.1	5.1	4.7
ラジオ	1,549	1,370	1,299	2.3	2.3	2.2
テレビ	19,092	17,139	17,321	28.5	29.0	29.6
衛星メディア関連広告費	676	709	784	1.0	1.2	1.3
インターネット広告費	6,983	7,069	7,747	10.4	11.9	13.3
プロモーションメディア広告費	26,272	23,162	22,147	39.3	39.1	37.9
屋外	3,709	3,218	3,095	5.6	5.4	5.3
交通	2,495	2,045	1,922	3.7	3.4	3.3
折込	6,156	5,444	5,279	9.2	9.2	9.0
DM	4,427	4,198	4,075	6.6	7.1	7.0
フリーペーパー	3,545	2,881	2,640	5.3	4.9	4.5
その他	5,940	5,376	5,136	8.9	9.1	8.8

出所：株式会社電通〔2011〕。

兆8,427億円であった。そのうち4大マスメディアの広告費は，2兆7,749億円と全体の約半分の割合を占めている。なかでもテレビ広告費が最も大きく，全体の約3割，4大メディアの約6割を占めている。新聞や雑誌の広告費，構成比がともに減少傾向にあるのに対して，テレビは2008年から2010年にかけて広告費に増減がみられるものの，構成比でみると増加傾向にある。

また，広告全体をみると，屋外広告や折込広告などのプロモーションメディア広告費が減少傾向であるのに対し，インターネット広告費は，2008年から2010年の間に約10％増となっている。4大マスメディアの広告費に比べるとまだ少ないものの，新聞広告費を上回る媒体に成長していることから，現在では主要な広告媒体の1つとして活用されていることがわかる。

次に，この4大マスメディアとインターネット広告費構成比を，日本と諸外国とで比べてみよう（図表9-2）。ここでは，日本を含む総広告費上位5ヵ国をとりあげる。これをみると，日本やアメリカなど，ドイツを除く各国はテレビ広告費の割合が最も高い。そのなかでも日本が最も高い。一方，ドイツは新聞広告費の割合が最も高いが，テレビやインターネット広告費比率も高く，他国に比べると媒体を分散して広告費支出をしている。このドイツよりもインターネット広告費比率が高いのがイギリスである。その割合は新聞広告費比率を上回り，テレビ広告費比率に迫る勢いである。アメリカでもインターネット広告

図表9-2　総広告費上位5ヵ国における主要媒体広告費比率（％）

	新聞	雑誌	ラジオ	テレビ	インターネット	その他	総広告費
アメリカ	16	7	10	40	18	9	12.6兆円
日本	16	7	13	43	16	5	3.8兆円
ドイツ	34	14	7	24	20	1	2.2兆円
中国	28	2	7	42	13	8	2.0兆円
イギリス	23	8	4	30	29	6	1.9兆円

出所：Office of Communication, UK〔2011〕より集計。
注1）その他には屋外広告，映画広告が含まれ，図表9-1と総広告費に含まれる媒体が異なる。よって図表9-1の日本の広告費比率とは異なる数値となる。
注2）総広告費は2010年の期中平均レート（1ポンド＝135円）で換算した。

費比率が新聞広告費比率を上回っている。日本だけではなく，諸外国でもインターネット広告の占めるウェイトが高いのである。

このように，多くの国で利用されている広告は，「広（ひろ）く告（つ）げる」の文字どおり，広い地域に分散する多数の消費者にメッセージを届けることができ，また繰り返し同じメッセージを発信することが可能である点が特徴である。さらに，新聞やテレビ広告などのように，映像や写真，音などを駆使して商品やサービスを巧みに演出し，アピールすることも可能である。そのため，より多くの人に商品・サービスを認知してもらいたい，あるいはメッセージを繰り返し発信し，製品・サービスのイメージを向上させたい場合などには広告は有効である[3]。ただし，直接的に人を介さない一方的な情報伝達であることから，必ずしも伝わってほしい人にメッセージが伝わるとは限らない。また，全国ネットのテレビ広告などには多額の経費がかかる。近年では，テレビ広告よりも広告費用が安いインターネット広告の利用も増えている。費用対効果を考え，当該商品やサービスにとって，どの媒体の広告をどのくらい利用することが適切かを検討しなければならない。

(2) セールス・プロモーション

セールス・プロモーション（Sales Promotion）は，販売促進ともよばれる。顧客あるいは一般的な消費者に対して，商品・サービスを販売したい企業が直接的に情報提供をし，それにより購入欲求を高める手段のことである。セールス・プロモーションのツールは，割引，クーポン券の提供，景品の添付，各種イベント，カード会員向けのポイント付与など多様化している。これらツールは，消費者に対して広告よりも直接的に情報が提供され，付加価値が訴えかけられるものである。割引や景品，ポイント付与などは，その時点で付加価値を享受することができることから，消費者の購入意欲を即座に高め，購入を促すことができるというメリットがある。しかし，これらプロモーションの多くは長期的に継続はしない。たとえば，一年中同じ商品を割引販売はしない。クーポン券も常時配布するわけではない。よって，割引した時点，あるいはクーポ

ン券が配布された時点など短期間の活動においては効果があるものの，プロモーション終了後も消費者がその商品・サービスに対して高い購入意欲を持ち続け，継続的に購入することへの効果が持続するとは限らない。その点は考慮しなければならない。

　また，このセールス・プロモーションは消費者だけではなく，流通チャネルあるいは社内の営業担当者に向けても提供される。流通チャネルに対してのセールス・プロモーションとは，卸売業者や小売業者への販売促進活動を指す。たとえば，販売数量に応じた報奨金などである。流通チャネル内で行われることから，一般の目には触れないことが多い。社内の営業担当者向けとは，営業部隊の販売意識を高めるために行う活動のことで，社内販売コンテストの実施や販売マニュアルの作成と実施などが例としてあげられる。

（3）　パブリック・リレーションズ

　パブリック・リレーションズ（Public Relations；PR）は「広報」と訳され，その活動は広報活動，または略してPR活動とよばれることが多い。広報活動とは，企業をはじめとする組織が株主や取引先，一般消費者など関係者に対して自社の情報（企業情報，製品情報，社会的活動情報，投資家向け情報など）を提供し，適切な関係を保つための活動である。それは，自らがホームページを通して発表したり，冊子を発行したりすることだけではない。新聞や雑誌，ラジオやテレビなどの報道機関に情報を提供し，記事やニュースとして企業活動や自社商品・サービスの情報を報道してもらうことも広報活動である。これをパブリシティと言う。これには，報道機関による取材に対応し，ニュースになる場合も含まれる。

　広告と広報は，ともに広い地域に分散する対象者に向けて情報を発信する力を持つ。では広告と広報の違いはどのようなところにあるのだろうか。まず，中立性である。広告は企業側が自ら発信する一方通行な情報伝達である。一方，広報活動により情報がニュースや記事となるパブリシティは，報道機関という第三者の目で提供される情報である。そのため，消費者など情報を受けとる側

にとっては，中立的かつ公正な情報であると認識され，記事情報に対する信頼性は高い。

次にコストである。広報は広告に比べて，少ないコストで人々に情報を伝えることができる。情報を収集して流すこと，情報を管理すること，それらを行うスタッフを雇うことにコストはかかるが，数千万，数億円もかかる広告に比べれば，はるかに少ないコストで済む。しかも，報道機関が記事やニュースとして取り上げてくれた場合には，広告と同じくらいの効果を発揮する。ただし，掲載の確実性が異なる。広告は条件が整えば，たとえば新聞広告であれば，掲載したい時期に掲載したいページ数分だけ広告を掲載することが可能である[4]。一方，パブリシティは必ず報道されるとは限らない。報道機関が，記事やニュースにしたいと思うような興味深い話題でなければ，報道されない。広告に比べると，確実性には乏しい点は，注意しておかなければならない。

(4) 人的販売

人的販売とは，顧客あるいは潜在消費者に対して直接的に製品情報を提供し，購入意欲を増すように働きかけ，説得する行動である。販売員が直接情報を伝達し，実際に消費者が購入するところまでサポートする活動であることが，媒体を通じて商品情報を伝達する広告などとは異なる点である。販売員が直接顧客対応をするため，媒体を通じて情報を伝達するよりも即時効果が期待されるが，情報伝達力や販売サポート力など販売員個人の資質能力によって成果が左右される部分も大きい。よって，販売員は消費者や顧客とコミュニケーションをとり，関係を築いていくことができるように，販売のエキスパートとしての販売員教育訓練を受けている。たとえば，ある企業では販売員の仕事時間のうち，30％が消費者や顧客とのコミュニケーションにかかる時間で，残りの70％は製品情報収集や販売技術の向上などの教育訓練，そして会議などの時間にあてているほど，教育にかけられている時間の割合は大きい[5]。こうした個人の力が集合した販売部隊の管理もまた，人的販売の成否にかかわる。販売部隊の責任者は，販売部隊の規模や組織体制，販売員の選出や教育，販売活動の

内容などを管理する。企業が販売する商品数や販売地域により，部隊の組織を製品別や地域別に管理することもある。また，販売員が個人で行動するのではなく，必要に応じて複数人によるチームとして行動するほうが効果的となる場合もあるだろう。その際も責任者の管理となる。

（5）その他

上記以外にも，ダイレクト・マーケティング，口コミなどを利用したプロモーション活動も活発化している。

ダイレクト・マーケティングは，すばやい反応を得るために慎重にターゲットをしぼった消費者と，直接コミュニケーションを行うものである[6]。そのツールとしては，ダイレクトメール，テレ・マーケティング，カタログ・マーケティング，オンライン・ショッピングなどがあげられる。とくにダイレクトメールや消費者に直接電話をかけて販売するテレマーケティングでは，対象者が個人に絞り込まれる。個人を「1セグメント」とし，それぞれのセグメントに対して異なる情報を発信するのである[7]。

個々人に異なる情報を発信するメリットは何であろうか。ダイレクトメールを例に考えてみよう。それは個々の趣向に合わせたプロモーションを行うことができるということである。そのために，ダイレクト・マーケティングを行う企業は顧客情報を保持するデータベースを構築している。顧客情報には氏名，年齢，所属，住所，そして購入履歴が含まれる。

ただし，このような個別に対応するプロモーションを行うためには，顧客情報管理にコストがかかることを付け加えておきたい。そして，その情報を上手に利用しなければ情報管理コストが経営に重くのしかかってしまう。また，情報は個人情報であることから，管理には細心の注意を払わなければならない。日本でも近年，企業のデータベースに何者かが不正アクセスをする，あるいは企業内から情報を持ち出すなどの事件が発生した。その結果として顧客情報の流出が起こり，問題となった。顧客情報をプロモーションに有効に活かすためにも，顧客の企業に対する信頼を保つためにも，きちんとした顧客情報管理体

制の確立は必須である。

> 《 事例①：イギリス小売業テスコ社 》
>
> 　顧客情報を上手に活用している企業であるイギリスの小売業テスコ社の例を紹介しよう。同社が発行する会員プログラムカード「クラブカード」のアクティブ会員は約 1,600 万人である[8]。イギリス総人口の約 1/4 は同社のアクティブなカード会員ということになり，イギリスで最も大きな会員組織の１つである。同社はカード会員の買物履歴をすべてデータベース化し，顧客の買物状況を把握している。そこでは，購入商品名，購入商品数だけではなく，ともに購入している商品や，商品の購入タイミングなども詳細に把握している。これら情報の分析をもとに，顧客の購買意欲を高めるダイレクトメールを送るのである。たとえば，ある調味料をよく購入する顧客に対して，その商品がセールになるときにダイレクトメールを送る。あるいは毎週末にワインを購入する顧客に対して，ワインに合うチーズを紹介する情報をダイレクトメールで送る。このとき，ワインにではなくチーズにクーポン券をつけ，ワインとともにチーズの購入も促すのである。そして顧客はチーズを購入すると，クーポン券による割引に加えて，カードにもポイントを付与される。そして，一定ポイントがたまるとバウチャー（テスコの店舗で利用できる金券）と交換することができる[9]。ダイレクトメールにより，顧客は自分が欲しいと思う商品のお買い得情報やクーポン券つき情報を得るため，購入欲求が高まる，あるいは購入に至る。かつポイントが付与されることから，テスコに繰り返し買物に来ることになる。これを「ロイヤルティ」といい，テスコがイギリス国内のトップ小売業に勝ちあがることになった重要戦略の１つである[10]。

2．プロモーション戦略

　このようなプロモーション活動を行うための様々なプロモーション・ツール

は，企業の目標，目的に沿って利用される。そのためには，企業は自社の目標，目的に適うプロモーションを行うための計画をたてなければならない。これをプロモーション戦略という。そのプロモーション戦略に沿って，複数のツールを選択し，組み合わせてプロモーション活動を行う。この戦略に合わせたツールの組み合わせのことをプロモーション・ミックスという。

ここでは，プロモーション戦略はどのように立てられて実施されるのか，そしてその実施結果に対する評価測定についてみていく。

(1) 戦略立案

ある企業が新商品を開発したとしよう。このとき，そのプロモーションをいつ，誰が，どこで，何を，どのように，どの程度行うのか，ということを考えなければならない。

そのために主として考えるべきことが3つある。1つめは，目的・目標の設定である。誰にその商品を知ってもらい，買ってもらいたいのか，そのターゲットを設定する。また，全国規模なのか，地域限定なのかといった知名度目標の設定も必要になる。さらには，その商品をどのくらい売りたいのかといった売上高目標の設定も重要になる。企業は利益をあげることが目的であるから，商品開発費，材料費などのコストから計算して，年間の売上高目標や利益目標を設定することは欠かせない。

次に予算である。どんなに知名度を上げたいと考えても，どんなに売上高を高めたいと考えても，予算が足りなければ実行できない。また，プロモーションは，いくら予算があっても，その予算額に応じた結果が得られるとは限らない。多額の予算を投下しても売上高が上がらない場合もあれば，少額の予算で売上高に貢献する場合もある。目標の売上高に対して，どの程度のプロモーション活動費をコストとして組み入れることが適当なのかを決定することは難しい。ゆえに企業ごとに，あるいは商品ごとに広告予算決定の方法は異なる。主な方法として，売上実績または見込みの売上高に対して一定の比率を乗じてプロモーション予算を設定する「売上高比率法（percentage of sales method）」や，

同じカテゴリーの商品を販売する競争相手企業が費やすプロモーション予算に合わせて自社の予算を設定する「競合企業対抗法（competitive parity method）」，最初に設定した目的目標に基づいてプロモーション予算を設定する「目標課題法（objective and task method）」，あるいは支出可能な予算をプロモーション予算として設定する「支出予算額可能法（afford method）」などがあげられる。

　企業は最初に目的や目標を設定するため，本来であれば目標課題法によりプロモーション予算を設定できるのが理想である。しかし，競合企業が自社のプロモーション予算よりも大幅に多額の予算を投入した場合，競合企業に合わせる決定を下すこともある。また，売上高に応じてプロモーション予算を設定できれば，費用対コストの面でも効率的に見える。しかし，売上高比率法は，売上高をプロモーションの結果ではなく，販売促進のために売上高があるという見方に基づいていること，また予算がその年の売上高で変動するため，長期計画が難しいなど，万能ではない[11]。さらに中小企業などになると，目標や競合企業の事情などは反映できず，支出可能な分だけ予算化することもある。この場合，毎年一定の予算を確保できる保証がないため，長期的なプロモーション計画を立てづらい面がある。よって，広告予算の決定方法は，企業ごと，商品ごと，また時期やライバルの有無などにより異なるのである。

　そして3つめにプロモーション・ツールの選択である。目的・目標そしてプロモーション予算に応じて，どのツールを利用するのかを考える。このとき，対象商品が直接消費者の手に届くところまで流通させ，実際に購入してもらえるようにこちらから働きかける「プッシュ」（push；押す）型の戦略と，広告などで広く呼びかけて消費者に購入してもらえるように働きかける「プル」（pull；引く）型の戦略をいかにバランスよくプロモーション活動に適応するかが重要になる。それにより，それぞれのツールにどのくらいの予算をかけることができるのかが決まってくる。

(2) 統合型マーケティング・コミュニケーション

このように，企業はその戦略によって様々なツールを利用し，プロモーション活動を行う。このとき，複数のツールを選択し，それぞれのツールを個別に利用することも多い。しかし，近年ではそれぞれのツールを有機的に相互作用させるという考え方を採用する企業が増えてきている。この考え方は統合型マーケティング・コミュニケーションとよばれる。これは，米国広告業協会（American Association of Advertising Agencies）の定義によれば，「様々なプロモーション・ツールが果たす役割を戦略的に評価し，個々の役割で完結せずにそれらを統合して一貫性を持たせることにより，付加価値を高めることを目指したマーケティングコミュニケーション計画」である[12]。たとえば，テレビCMで情報を発信した結果，消費者がその商品に興味を持ち，店に買いに行ったとする。しかし，その店頭には他社商品の情報ばかりでその商品の情報がなかったら，消費者は他社商品を購入してしまうかもしれない。よって，それぞれのツール利用をいつどこでどの程度行うのかを総合的に配置し，相乗効果が期待できるような戦略立案を行い，実施に至ることが重要となるのである。

(3) 評価測定

こうしてプロモーション戦略をたて，実施するのであるが，その評価を行うこともまた重要である。多くの企業は，個別プロモーションツール実施の成果としての広告出稿量や，広報活動による掲載紙誌数などを確認する。広報活動による掲載紙誌については，広告にするとどのくらいの値段価値があるのかを換算し，評価する。また，それぞれの活動に対するコスト，活動結果としての売上高や利益高など数量的な把握を行い，評価する。店頭プロモーション活動による顧客の反応や反省点などについて，得意先である各店からレビューを得ることも多い。さらに，消費者にアンケート調査を行い，その商品やサービスへの評価を確認する企業もある。これらをもとに，翌年のプロモーション戦略や実施計画を練り直し，また中長期の計画やブランド戦略に活かしていく。

《 事例②：資生堂「TSUBAKI」[13] 》

　資生堂のヘアケアブランド商品「TSUBAKI」は2006年に発売された。「TSUBAKI」誕生のきっかけは，同社の100以上あったブランドの集約化を行うと同時に「太く・長く」愛されるブランド，いわゆるメガブランドの育成を目指したことにある。その1つが「TSUBAKI」であった。そのため，プロモーション目標としては，新しいブランドの認知とブランドのもつ価値観の認知，そして新商品売上高の向上であった。同時に，TSUBAKI開発等にかかった投資費用を3年間で回収するという目標も定められた。そこから必要なプロモーション費用が設定されたが，それは同社が「かつてない規模」と表現するほどの金額であった。大々的なTV広告，新聞広告を展開し，全国規模のマス広告を行った。また，広告宣伝に登場した女優をイベントで登場させると，TVや新聞などのパブリシティが報道し，その情報は全国に伝わることになった。それと同時にサンプルの配布，スーパーやドラッグストアなど店頭プロモーション活動などを行った。しかも，これらの活動は個別に行われたわけではない。事業部間の調整はもとより，事業部の枠組みを超えての活動であり，ブランドを確立するための全社的なプロジェクトとして行われた。その結果，発売した初年度の店頭出荷額が180億円と計画の1.8倍を達成し，3年間で回収する予定であった投資額は初年度で達成できた。商品開発力や営業力などもあるが，強力なコミュニケーション活動もこの成果に貢献したと同社は評価するとともに，プロモーション後にその効果を測定する調査を行い，さらなる顧客満足度とブランド価値を高めるための指標としている。

3. 国際プロモーション戦略

　商品やサービスが国境を越えることも，今や珍しいことではなくなった。海外で商品やサービスを提供するようになると，プロモーション活動も国際化する必要が出てくる。オリンピックやサッカーワールドカップの公式スポンサーは，より多くの国・地域市場の消費者に情報を伝達することを目的とした国際

プロモーション活動の一例である。たとえば，2001年にサッカーワールドカップの公式スポンサーとなったAVAYA（アバイア）という会社がある[14]。アメリカに本社があるコールセンターや通信ネットワーク構築などに携わる通信機器ベンダーで，世界50ヵ国市場に納入している実績などから通信業界では知られた存在ではあった。しかし，同社は当時ルーセント・テクノロジー社から分離独立したばかりの新しい企業であった。そこで，企業認知度向上を目的の1つとして，全世界が注目する大会のスポンサーになったのである。すると，まず世界各国のメディアがスポンサー契約発表や，AVAYAによる大会運営用に構築するネットワークの情報などを報道した。そして大会開催時には，競技場内のAVAYAの看板が観客やテレビ視聴者に注目された。これにより，目的である企業認知度は飛躍的に向上した[15]。

　このようにみると，国際プロモーション活動は，難しいことではないと思われるかもしれない。しかし，国境を越えての活動は，国内でのプロモーション活動と同じでは成り立たない。やり方を間違えると問題が起こることもある。とくに，文化習慣の相違は考慮しなければならない。当該市場の文化習慣を無視すると消費者に受け入れられないからである。たとえば，非公用語によるプロモーション活動では現地の消費者には意味が通じず，情報が伝わりにくい。先に例としてあげたAVAYAも，日本国内でテレビ中継された日本戦では，競技場内に「アバイア」とカタカナ表記の看板を出す配慮をしている。さらに，国境を越えての活動では，本国と当該市場との連携も必要になる。本社のマーケティング部門と海外進出市場先の子会社のマーケティング部門との間における意見交換の緊密性，情報伝達の正確性そして意思決定の迅速性が，国際的な競争市場環境におけるプロモーション活動の成果につながるからである。

【課題レポート】

① 興味のある企業1社をあげ，どのようなプロモーション活動を行っているかを調べてまとめなさい。

第9章　プロモーション戦略入門　137

―【復 習 問 題】――――――――――――――――――――――――――――
　① セールス・プロモーションとは何かを説明しなさい。
　② 広告とパブリック・リレーションズ（広報）の違いについて説明しなさい。

＜注＞
1) ホームページや Twitter, Facebook などを活用したインターネット・コミュニケーションなども，プロモーション活動のツールとして活用されている。これらについての詳細は第 10 章にてとりあげる。
2) ダイレクトメールについては，第 1 節第 5 項にてとりあげる。
3) 商品・サービスだけではなく，企業自体のイメージを向上させたい場合にも，広い地域に繰り返し情報を発信する広告は有効である。
4) 広告は料金さえ支払えばどのような内容でも掲載されるわけではない。たとえば，日本新聞協会では新聞広告倫理綱領および新聞広告掲載基準を定め，「真実を伝えていないもの」「紙面の品位を損なうもの」「関係諸法規に違反するもの」についての広告は掲載しないように努めている（一般社団法人　日本新聞協会ホームページ「新聞広告倫理綱領／新聞広告掲載基準」より）。
5) Kotler〔1999〕p.112.
6) Kotler and Armstrong〔1997〕（訳書〔2000〕p.499）.
7) Kotler〔1999〕p.115.
8) Tesco Annual Report and Financial Statement 2012 より。アクティブな会員とは，そのカードを定期的に利用している会員のことを指す。
9) 2009 年には 5 億 2,900 万ポンド分のバウチャーを発行した（2010 年 2 月 8 日付イギリス BBC 放送 "Who wins with supermarket loyalty cards?" より）。
10) Rowley〔2005〕.
11) Kotler and Armstrong〔1997〕（訳書〔2000〕p.490）.
12) Kotler and Keller〔2008〕p.531, Belch and Belch〔2003〕p.9.
13) 株式会社資生堂アニュアルレポート 2007，株式会社資生堂ホームページ「株主・投資家向け情報／主要な ESG に関する非財務情報」ブランドマネジメントより。
14) 男子サッカーの 2002 年の日韓ワールドカップ，2006 年のドイツワールドカップに加えて，女子サッカーの 2007 年北京ワールドカップの計 3 大会の公式スポンサーとなった。
15) 日本でも「AVAYA とは」といった会社についての情報を提供するメディアもあった。

＜参考文献＞
株式会社電通，ニュースリリース「2010 年の日本の広告費は 5 兆 8,427 億円，前年比 1.3％減―テレビは微増，インターネット・衛星メディア関連は大幅増―」2011 年 2 月 23 日付。
Belch, G. E. and M. A. Belch〔2003〕*Advertising and promotion: An integrated Marketing communications perspective*（6th edition），New York: McGraw-Hill／Irwin.
Kotler, P.〔1999〕*Kotler on Marketing: How to Create, Win, and Dominate Markets*, Free Press.

Kotler, P. and G. Armstrong〔1997〕*Marketing An Introduction*（*4th Edition*）, Prentince Hall International.（恩藏 直人（監修）月谷真紀（訳）〔2000〕『コトラーのマーケティング入門』ピアソンエデュケーション。）

Kotler, P. and K. Keller〔2008〕*Marketing Management*（*13th Edition*）, Prentice Hall College Division.

Office of Communication, UK（イギリス通信庁）〔2011〕"International Communications Market Report 2011".

Rowley, J.〔2005〕"Building brand webs: Customer relationship management through the Tesco Clubcard loyalty scheme", *International Journal of Retail & Distribution Management,* Vol. 33 Iss: 3 pp.194-206.

第10章

ネット活用のプロモーション戦略入門

▌本章のねらい

　今や，テレビや新聞と並ぶほどのメディアとなりつつあるのは，インターネット（Internet）である。ネットと付くからには，やはりインターネットもネットワークの1つである。ただ他のネットワークと違うのは，その規模にあり，インターネットは地域や国をまたぎ，世界規模でコンピュータ同士を接続した，最も大きいコンピュータ・ネットワークである。インターネットは誰でも自由に使えるものの，ただやみくもにコンピュータをつないだのでは，全体として機能しないので，一定のルールがある。

　本章は，それら状況を踏まえながら，ネット活用のプロモーションに関して整理することで，インターネット・マーケティングに関しての特長と課題を明らかにすることをねらいとしている。さらには，企業におけるマーケティングの基本的考えが，マス・マーケティングからワン・ツー・ワン・マーケティングへと転換している背景にも，ネット活用によるプロモーションを整理することで明らかにしていきたい。

▌キーワード

バーチャル世界，インターネット，SNS，ウェブ・サイト，集客ツール，フォロー・マーケティング，マス・マーケティング，ワン・ツー・ワン・マーケティング

1. 通信ネットワークの発展

（1） 通信ネットワークの発展によるバーチャル世界の出現と進展

① バーチャル世界の出現

　現代社会は，ICT（情報技術）社会とよばれており，通信ネットワーク手段としてのインターネットの発達と普及が急速に進むことで，バーチャルな世界を生み出した。バーチャルな世界は，現実とは違った法則を設定することが可能なものの，利用者の使い易さ，活用度を考慮して，リアルな世界を模倣することで構築されてきたこともあり，リアルな世界に類似している。

　それは，仮想のビジネスのみではなく，バーチャルな世界の特徴を生かして行うゲーム，SNS（Social Networking Site），店舗，住居，不動産，行政サービスなどを出現させている。そこでは，従来出来なかった事をバーチャルな世界で実現する事を可能とし，ネットコミュニティ対応と言われ活用されてきている。

　なかでも，複数のコンピュータを接続する技術の発展により，情報化社会の基盤となっているシステム全体を接続した，コンピュータ・ネットワークである通信インフラの発展による影響が大きい。初期の段階では，メーカーごとに様々な規格のネットワーク技術が開発されたこともあり，メインフレーム（大型汎用機）と専用端末を独自のケーブルで接続したものであった。そのためにに，相互接続性が困難であったものの，現在ではインターネット技術の進展により，ネットワーク化が飛躍的に進展したこともあり，インターネットショッピング，グループウェア，デビットカードが普及する基盤が整備されてきている。

　情報技術の発展により，その方向や発展スピードは目覚ましく，バーチャル

な世界はリアルな世界とは異なり独自の成長を遂げてきている。これらの背景もあり，バーチャルな世界でのマーケティングもリアルな世界とは異なる発展を見せてきている。

② ウェブ・サイト[1]の分類とプロモーション
（i） ウェブ・サイトの分類

通信インフラの発展は，コンピュータ・ネットワークであり，インターネットは数多くのウェブ・サイト（website）によって構成されている。それらを分類すると，営利目的か否かという基準と，発信者と受信者の基準などで分類することが可能になるので，以下分類する。

営利目的でのサイトに関して運営目的により分類すると，① EC（electronic commerce）サイト（ネットショップ），②マーケティング・サイト，③インターネット関連サービス・サイト，④情報サービス・サイト等に分類することができる。

次に，発信者と受信者の基準による分類として企業活動を前提とすると，企業が消費者を対象としたものとして，対消費者対応（BtoC：Business to Consumer），企業が企業を対象としたものとして，対事業者対応（BtoB：Business to Business），消費者が消費者を対象とした，対消費者間対応（CtoC：Consumer to Consumer）に分類することが出来る。

現実的には，上記2類型された分類基準に従って，分類方法を組み合わせることで，サイトの特性を類型化することが可能になる。ここで，分類軸に従って分類しても，実際の展開ではBtoCと BtoBを同時に展開するサイトもあるし，マーケティング・サイトがECサイトを兼ねている場合も存在している。それらを考えると，ウェブ・サイトは固定的なものではなく弾力的なものであり，自由度が高いものであると理解することが必要になる。言い方を変えると，ウェブ・サイトを厳格に分類することは困難であると認識する必要があるものの，分類の必要性は決して低いものではない。

何故ならば，ウェブ・サイト設定の計画・設計をするにあたっては，サイトの設定の目的を如何に設定し，標的となる顧客を誰に設定するのか，さらには

何を発信し・何の情報を提供しようとしているのかなどの枠組みを明確化しなければ，サイト自体の存在意義が不明確になってしまうからである。

(ⅱ) ウェブ・サイト活用のマーケティング展開

ウェブ・サイトで展開するマーケティングは，インターネット上で展開するマーケティング活動全般を指す。具体的な手段として，自社のホームページや商品専門のウェブ・サイトを通じて，ユーザーに対して商品やサービスにおける広告・宣伝活動や啓蒙・普及活動を行うものである。

それには，ウェブ・サイトやECサイトにより多くのユーザーが，検索エンジンを経由することでウェブ・サイトのSEO[2]を行うことである。さらに，インターネット上のユーザーに対するアンケート調査などを通じて市場調査を行う活動であり，加えて自社サイトで獲得した顧客に対して新製品の案内やサービスを伝達することである。最近ではこれに対して，商品や自社に関してのブログなどを立ち上げることで，商品告知を展開したり商品の改善点に関する意見をユーザーから集めることで，双方向型のコミュニケーションの展開を図ることが可能になる。また，インターネット広告の展開により，「広告戦略」といったマーケティングの展開も，広義ではウェブ・マーケティングに含まれ，狭義ではインターネット上の手法を活用して行う広報活動そのものを指すことが多い。

(2) ネット活用のマーケティング展開が注目される理由

近年において，ウェブ・マーケティングという言葉を，様々な場面で耳にする機会が増えてきている。マーケティングとは，企業（組織）が市場に様々な働きかけを意味しており，インターネット上にホームページなどを構築すること等を通じて，マーケティング活動成果を高める手段として有効活用することがウェブ・マーケティングであり，ネット活用のマーケティングになる。

ウェブ・マーケティングが注目されている背景を以下に整理する。

第一に，わが国の国民生活にインターネットが浸透し，社会構造に劇的な変

化をもたらしていることがある。それは、インターネットが急速に普及した結果、消費者・企業双方のインターネットを使用した活動領域が加速度的に拡張したことが指摘できる。消費者を考えると、自宅のパソコンを使って日常的にインターネットによる情報収集を行うことに加え、商品やサービスの購買にインターネットを活用する消費者が着実に増えている。(図表10-1参照)

それに対して、企業サイドも消費者の行動に適応する、あるいはリードすることによりインターネット上で様々な事業に取組んできている。基本的形態としては、ネット上に自社のウェブ・サイトを開設することで、消費者への物財やサービス、さらには情報を提供するものである。

第二に、消費者の購買行動が物質的側面よりも、精神的な側面での満足を追求する消費行動を選択するようになっていることである。それは、わが国の消費者においては物質的側面からみると、日々の生活を営むにあたって必要な物財はほとんど手に入れているあるいは、手に入れることが可能な状況にあることを意味している。その結果、消費者の消費行動は個々人の価値観に大きく影響を受け易く、多様な商品やサービスに加え情報に対するニーズを高めること

図表10-1　わが国のBtoC-EC市場規模の推移

年	EC市場規模(億円)	EC化率(%)
2007	53,440	1.52
2008	60,890	1.79
2009	66,960	2.08
2010	77,880	2.46
2011	84,590	2.83

出所：経済産業省「平成23年度わが国情報経済社会における基盤整備報告書」平成24年2月。

になる。

　そのような状況を前提にすると，企業においては既存のマーケティング戦略を継続することで収益確保を図ることの困難度が高くなっており，マーケティング戦略展開の再構築が求められている。その対応策として有効な方法として，ウェブを活用することで多様化した顧客ニーズを把握し，それに基づいて効果的な商品・サービス・情報をも内包した販売戦略の展開により，顧客ロイヤルティー向上を目指すものである。

　以上の背景により，企業においてはウェブ・マーケティングが，新しいマーケティング戦略展開手段としてその重要度を高めてきている。

(3) ウェブによるプロモーション戦略

　ウェブによるプロモーション戦略はウェブ・マーケティングに内包されるものである。ウェブ・マーケティングは，インターネット上にウェブ・サイトを開設することにより，インターネットを経由して商品やサービスの宣伝広告，見込み顧客の発掘，商談，受注，契約，さらにはアフターサービスまでをも展開が可能になっている点である。ウェブ・マーケティングの特徴は，ターゲット顧客に対して一斉の情報提供の展開が可能になる点にあり，コスト面でのメリットが期待できる。それに留まらず，顧客との双方向のコミュニケーションが可能になる点にあり，人的販売促進と各種広告媒体の有するプロモーション効果の両面を兼ね備えていることである。

2. ネット活用（ウェブ・マーケティング）のプロモーション

　前節では通信ネットワークの発展により，ネット活用度合いが高まることで，ウェブ・マーケティングの展開が進展している背景や効果を確認した。当然な

がら，単純にウェブ・サイトを開設すれば，企業におけるプロモーション成果として，目標売上が確保されるわけではない。そこで，本節では効果的なネット活用のプロモーション展開の基本的な考え方に関して確認する。

（1） ネット活用によるプロモーション展開の全体構成

　ここでは，まずネット活用によるプロモーション展開の全体構成を確認する。ネット活用のプロモーションの展開において，顧客を自社のウェブ・サイトにアクセスさせ，商品やサービスの認知を得た上で，購買行動へと結びつけることを目指すことになる。その中心になるのが，ウェブ・サイトであるが，他にもネット活用にあたっての重要な構成要素がある。

　1つには，集客ツールとよばれるもので，これは大勢の顧客を自社のサイトに誘導する役目を果たすものである。

　もう1つは，フォロー・マーケティングといわれる要素になり，一度当該社と関係を構築した顧客に対して，アフターサービスを行っていくもので，長期的な売上拡大を考えるためにも必要不可欠な要素になっている。

　ネット活用のウェブ・マーケティングの展開は，主体となるサイトの作成が

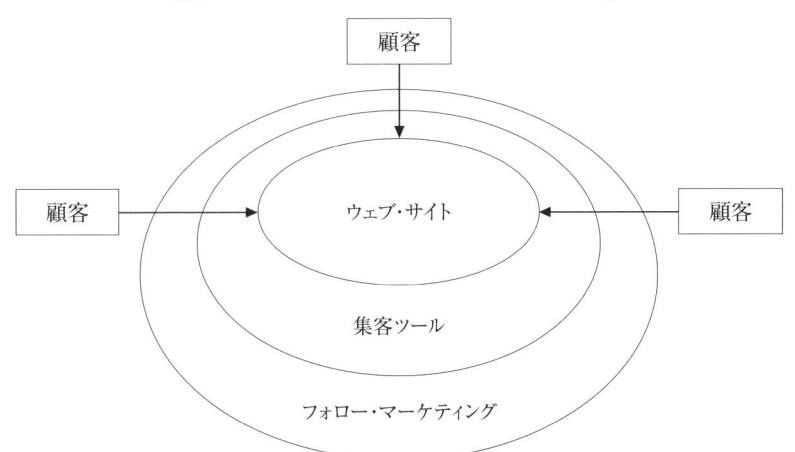

図表10-2　ウェブ・マーケティングの全体像

注目されがちであるが，顧客にとって魅力的で実用性のあるサイト環境の提供が，結果的に多くの顧客獲得に効果を発揮する。しかし，他の要素をおろそかにした結果ウェブ・マーケティングが効果的に機能せず，次第にネット活用に消極的になってしまう可能性がある。これらの事態を回避するにも，ウェブ・マーケティングの全体像を認識しておくことが必要になる。

（2） ネット活用による効果的プロモーションの展開

　効果的な，ネット活用のプロモーションの展開のポイントは，以下のように整理できる。

　第一に，ウェブ・サイトは，見やすさを優先させることが前提になる。顧客にとって必要となる情報を簡潔に集約し，それをわかりやすい形で表示することが重要になる。無数に存在するウェブ・サイトのなかから，自社のサイトを選択してもらうには，アクセスするインターネット・ユーザーの立場にたったウェブ・サイトの構築を検討する必要がある。さらには，定期的なリニューアルも不可欠になる。ウェブ・サイトは，顧客と企業の出会いの場であり，出会いの場に顧客を誘うためのツールが必要になっており，集客ツールの役割は極めて重要なものである。

　第二に，集客ツールはインターネット広告，相互リンクと印刷媒体による告知などの手段がある。なかでも良く活用されているのは，バナー広告であり，多くの人が見るサイトに帯状の広告を掲示し，関心を持ったユーザーがそれをクリックすると自社のサイトが立ち上がるような仕組みになっている。電子メール広告もよく使用されており，登録した会員に対して，様々な情報が掲載された電子メールを配信するものであり，自社のURLをも掲載している。

　相互リンクは同じような業界，テーマ，商品を取り扱っているサイトと相互に連絡を取り合い，他のサイトで自社のサイトを紹介してもらうものである。アクセスの多いサイトとリンクを張ることができれば，より多くのインターネット・ユーザーを呼び込むことが可能になる。次に，印刷媒体を活用した告知は，外部の人に触れる可能性のあるすべての印刷物に自社のURLを掲載す

る。そこでは，会社案内，名刺，便せん，商品パンフレット，チラシなどのほかに販促物に入れることも効果的になる。

　以上みたように，より高い成果が期待できる集客ツールの構築には，様々な方法を組み合わせることで高い成果が得られる。

（3） ウェブ・マーケティングとネット活用のプロモーション戦略の多様化

　1993年に，ドン・ペパーズとマーサ・ロジャーズが発表したのが，ワン・ツー・ワン・マーケティング[3]である。ワン・ツー・ワン・マーケティングとは，顧客の価値観は多様であり，商品やサービスに対するニーズやこだわりは千差万別であることを前提に，その個人ニーズの違いに個別に対応していこうという考え方である。その展開の前提には，顧客個人の情報をデータベース化し，ニーズや，購買情報を正確に把握し，個人情報の蓄積と共に長期に亘る細やかな個別サービスを提供しようとすることである。言い換えれば，顧客満足の向上策の展開を図ることで，ロイヤルカスタマー化に向けた戦略を言う。

① マス・マーケティングからワン・ツー・ワン・マーケティングへの転換

　企業における既存のマーケティング戦略は，マス・マーケティングとよばれて，大衆を対象としたマーケティング戦略の立案と実行をするものである。

　しかし，消費者ニーズの多様化が進展することで，マス・マーケティングの手法では十分に対応することが困難な状況が顕在化し，マイクロ・マーケティングが登場することになった。マイクロ・マーケティングでは異質性の高い市場を，消費者のニーズによって細かく分割して対応することである。消費者の類似したニーズから，1つのまとまった市場として把握し，細分化された各市場に対して異なるマーケティング戦略を展開することである。マイクロ・マーケティングを展開することで，消費者と企業との距離はかなり短縮化することが可能になる。消費者は，自らの欲する商品・サービスを適正な価格で販売する企業側の継続的な取組みにより，より快適な生活環境を手に入れることが可能になる。このように社会環境が成熟することで，消費者はより多くの欲求を

持つようになる。自らの価値観に基づく消費行動により，消費者のニーズの細分化度合いは進展し，マイクロ・マーケティングの手法をより高度な次元へと高めることが企業の大きな経営課題となっている。

　こうした市場ニーズとそれに対応した企業のマーケティング戦略の変遷のなかで，最近ではワン・ツー・ワン・マーケティングという新しい概念が登場し，多くの人々の関心を集めている。具体的には，顧客1人1人とコミュニケーションを繰り返すことで，個別に求められる商品やサービスを提供するものであり，リピート来店・購買と新規顧客の紹介等の展開を働きかけるマーケティング手法である。企業としては，顧客を自社のファンとして囲い込むことが出来れば，企業は長期的な収益を確保することになる。ウェブ・マーケティングは，ワン・ツー・ワン・マーケティングを行う1つの重要なツールとなる。一方で，ウェブ・サイトを開設し一方的な情報発信のみでは，顧客のニーズに適応することが難しい。その意味では，ワン・ツー・ワン・マーケティングを実行することが，ウェブ・マーケティングの成否を分ける重要なファクターとなる。

② **ワン・ツー・ワン・マーケティングの展開**

　ネットを活用することで，効果的なワン・ツー・ワン・マーケティングの展開を図る方策を整理する。ネット活用によるワン・ツー・ワン・マーケティングは，自社のウェブにアクセスした人の行動を追跡し，その結果を分析して新たな事実を発見するという流れである。

　アクセスされた情報の入手は，サーバー管理者（通常はプロバイダー）への問い合わせによる。入手情報は数字の羅列でしかないので，ログ解析ソフトにかける必要があり，以下のような実態が明らかになる。

- ▶ OS別ブラウザー別のアクセス数
- ▶ ドメイン別のアクセス数・ページ別のアクセス数
- ▶ 各ページでのユーザーの滞在時間　など

　これらに関する分析で，商品やサービスを注文しなかった人でも，何に興味を持ってくれたかを類推することができ，アクセスした消費者たちのニーズを緻密な手法で類推し，顧客に企業が近づいていくことがワン・ツー・ワン・マー

ケティングの展開を可能にする。

　なお，ワン・ツー・ワン・マーケティングをより系統的に行っていくためには，顧客の性別，年齢その他の属性データと商品の購買履歴データなどを，あらかじめデータベース化しておくことが前提になる。このデータベースにより，顧客の行動履歴として蓄積することになり，顧客がウェブにアクセスした時にデータベースを参照しながら，その人専用の対応を自動的に行う巨大な仕組みを構築することで，それを戦略的に活用することによってはじめて，ワン・ツー・ワン・マーケティングの展開が可能になり得る。

3. ネット活用のプロモーション推進の留意点

　最後に，ネット活用のプロモーション推進時の留意点を確認する。

① 全体構造と導入目的を明確にする
　ネット活用にあたっては，仮に「他社でも取り組んでいる」などの理由で取組むのであれば，成果を期待することは難しい。まず，自社のマーケティング戦略を詳細に分析することで，自社の強みと弱みを明らかにし，弱みを補強するをことや，逆に強みを伸ばすためのいずれか一方，あるいは併行してといった目的を明らかにする必要がある。その対応策として，ネット活用によるウェブ・マーケティングの展開が必要になると判断した時点で，はじめて導入を検討することが必要になる。

　導入を検討する際には，前述したように全体構造を把握することが必要になる。それは，ウェブ・サイトの作成のみを重視した取り組みになる傾向があり，結果として長期的なアクセス数の増加に結び付きが弱くなりがちである。そこでは，ウェブ・サイト，集客ツール，フォロー・マーケティングの3要素をバランス良く検討することが必要になる。

　また，ネット活用にあたっては，そのメリットのみならずデメリットを知っ

ておく必要がある。メリットとしては，多くの消費者と瞬時に双方向のコミュニケーションが可能であり，売上拡大に活かせることが出来る。一方で，データベースの構築やメンテナンスにはある程度のコストが掛るということであり，一定の効果を生むには，継続して手を加える必要があると共に，頼り切ってしまう考えも問題が残る。言い換えれば，ネットの活用は，企業の他のマーケティング戦略を補完するものであるとの認識をもったうえで，そのような視点から取り組む必要がある。

全体構造とメリット・デメリットを認識し，自社のマーケティング戦略をより高いレベルへと引き上げることをねらいとして，ウェブ・マーケティングを実践することで，成果を得ることになる。

② 企業の他のマーケティング戦略を補完するもの

全体構造とメリット・デメリットを認識した上で，自社のマーケティング戦略展開のレベルを引き上げることを目的に，ウェブ・マーケティングを実践することになれば，大きな成果を得る可能性が高まることになる。

ネット活用であるウェブ・マーケティングを導入するには，専門的な知識と技術が必要となるので，導入にあたっては，ウェブ・マーケティングに強みのある企業に作業依頼をするなどの検討が必要になる。ウェブ・サイトの作成からデータベースの構築，集客ツールの作成など，ウェブ・マーケティング全般を行っている企業もあり，ウェブ・サイト作成専門，データベース構築専門という企業もある点を考えると，長期的なパートナーとなり得る。

【課題レポート】
① ネット活用により商品・サービスのブランド力を高めるポイントをまとめなさい。

【復習問題】
① 企業活動におけるネット活用が進展している背景に関して，その理由と根拠をもとに理由を述べなさい。
② 企業のワン・ツー・ワン・マーケティング展開の課題を述べなさい。

<注>

1) World wide web (www) 上にあり,一般に特定のドメイン名の下にある複数のウェブページの集合体であり,サイトとよばれることもある。企業などの団体が自身を紹介するために自ら構築したサイトを,その団体の公式サイトなどとよぶ。
2) SEO (Search Engine Optimization):サーチエンジンの検索結果のページの表示順の上位に自らのウェブ・サイトが表示されるように工夫することであり,さらには,そのための技術やサービスを言う。ウェブ・サイト構築などを手掛ける事業者のなかには,SEO をメニューに用意しているところもある。
3) ペパーズ&ロジャーズ(訳書)〔1995〕を参照。

<参考文献>

進藤美希〔2009〕『インターネットマケティング』白桃書房。
ペパーズ,ドン&マーサ・ロジャーズ(ベルシステム24訳)〔1995〕『ONE to ONE マーケティング—顧客リレーションシップ戦略』ダイヤモンド社。

第 11 章

チャネル戦略入門

=== 本章のねらい ===

　マーケティング・チャネル（Marketing Channel）戦略は，特定企業のチャネルのデザインや管理に関する中期的方策である[1]。ここでは，メーカーが自身の製品をどのような方法で消費者に届けるのか検討する。チャネル戦略は，マーケティングの諸手段の中でも模倣や変更が困難であるため，長期的かつ高度な意思決定といわれており，これを効果的に展開することは，優れた競争優位の源泉となる。

　本章では，主に消費財メーカーを想定してチャネル・デザインと管理について説明していく。まずはメーカーが自身の製品を消費者に届ける際に，自分で届けるか，他人（流通業者）の手を借りるかに関する意思決定であるチャネル・デザインに関して説明し，次にどのように管理・調整を行っていくかというチャネル管理について説明する。そして最後にチャネル管理から協調的な関係の構築を目指した製販連携について考えていく。

=== キーワード ===

直接流通・間接流通，取引コスト，限定合理性，機会主義的行動，高集中度販路・低集中度販路，長短・広狭・開閉基準，パワー，取引依存度モデル，建値制，リベート，カテゴリー・マネジメント，プライベート・ブランド

1. チャネル組織化の意義

(1) 直接流通か間接流通か

　メーカーが自らの製品を消費者の手元にどのような方法で届けるかは，製品を消費者に自分で販売するか人の手を借りるかといった意思決定である。メーカー自身で販売する場合を直接流通といい，人の手を借りる（卸売業者や小売業者が介在する）場合は間接流通という。もちろん両方の立場を採用する場合もあるが，どの立場を重視するかでチャネル戦略のあり方は決まる。

　この意思決定の際には，流通構造が影響する。日本の消費財メーカーにおいては，間接流通という意思決定をする場合が多かった。それは，卸売業者や小売業者を介在させることにより，直接流通以上に製品の取引機会の効率的な創造が可能と考えた企業が多かったからである。

(2) チャネル戦略の基本問題

　間接流通を採用する場合，メーカーは販売を担う卸売業者や小売業者といった流通業者を選定しなければならない。もちろん自身の製品をできる限り優先的に販売してくれることが望ましい。しかし，流通業者はメーカーとは異なり，あくまで独立した立場にあるため，流通業者がメーカーの意図通りに動いてくれるとは限らない。

　そのため，流通業者が優先的に特定メーカーの製品を販売してもらうためには，たとえばそれなりの報酬を用意することなどが必要となる。こうした流通業者の性格を考慮にいれた上での意思決定をしていかなければならない。

(3) チャネル・デザインの意思決定課題

　また，間接流通の場合，流通のどの段階まで自前で構築するのかといった意思決定が必要になる。たとえば，卸段階までを自前で構築するか小売段階までを自前で構築するのかといった問題である。これは，流通のどの段階まで統合ないし取引を行うかの意思決定である。こうした意思決定を考える際に，コストという観点が参考になる。ここでは，コストをオペレーションと取引という2種類から捉えていく。

　オペレーション・コストは，流通における遂行すべき活動に関わる費用である。ある特定の活動を遂行する場合，企業ごとにコストや成果は異なる。それはヒト，モノ，カネ，情報といった経営資源の保有量が企業ごとに異なるためであり，この経営資源の質・量の違いが成果の違いを生み出している。一般的には規模の経済性が働くような活動においては，大規模に操業する専門業者の方が，低いコストでその活動を遂行できる。たとえば，輸送に関しては輸送活動に特化している物流企業に任せることで一定品質の輸送サービスを低コストで提供することができるかもしれないし，販売に関しては，卸売業者や小売業者を活用することで低いコストで良い成果を生み出すことができるかもしれない。

　取引コストは取引自体に関連して負担しなければならない費用である。この中には取引相手の探索に関する情報収集費用や取引契約締結に関わる交渉の費用，そして取引が契約通りに行われたのかを監視するための費用などが含まれているが，これらのコストは，環境が不確実な場合に高くなる。その背景には，限定合理性や機会主義的行動といった要因がある。

　限定合理性は人間の将来予測や情報収集・処理能力は限られており，その中で合理的な意思決定を行っていることを指し，機会主義的行動はモラルに制約されることなく自分さえよければ良いという日和見主義の考え方で行動することを意味している。たとえば，ある相手と取引を行う場合，取引相手について全てを知ることは難しい。しかし，できる限り詳細で正確な情報を得ることは取引を行う上で重要である。そのためには多くの時間と費用が必要になる。仮

に，取引相手が自分にとって不利になるような情報を隠しておくかもしれない。よく中古自動車のレモン（不良品）の発生問題が引き合いに出されるが，中古自動車を売買する際，買い手は売り手と同等の情報を有していないため，売り手が自身にとって不利な情報を隠してでも出来る限り高く販売したいと考えたとしても買い手はその事情を知らない。一方で，買い手はレモン（不良品）をつかまされないためにも情報収集や分析を行わなければならない。このように不確実な状況（環境不確実性が高い）の場合，取引は複雑になっていく可能性がある。

　また，関係特殊資産の程度も取引コストに関連する。これは特定の取引相手との間にある別の取引相手には利用できない，もしくは売却すら難しい資産のことである。たとえば，卸売業者が特定の小売業者のために専用の物流センターを設置することなどがある。この資産の特殊性の度合いが高いほど取引相手から不利な取引条件をつきつけられ，それを断ることができない可能性が高くなる。こうした問題は，ホールド・アップ問題とよばれている。さらに，資産特殊性は取引の当事者をその取引関係に固定化（ロックイン）させる。代替的な取引相手が少ない場合，すぐに取引相手を替えることは難しいため，多くの取引交渉が繰り返される可能性が出てくる。その結果，取引コストが高くつく場合がある。

　2つのコストを考慮すると，仮にオペレーション・コストが相対的に低くても，取引コストがそれ以上に高くつく場合は，外部の企業に頼らず，市場での取引を内部化して組織取引への移行といった自前での販売網の構築という意思決定もある。とはいえ，重要なことは，より効果的，そして効率的に当該活動を遂行することであり，これらのコストを1つの指標として直接流通か間接流通か，また間接流通の場合，どの段階まで自前で行うのかといった意思決定を行うことができる。

　さらに，小売段階における意思決定課題は販路の集中度という観点からも考えられる。ここでの集中度は，ある小売市場における累積の集中度合いである。この集中度合いが高い場合は高集中度販路，低い場合は低集中度販路とよばれる。この表現は，たとえば加工食品業界は高集中度販路，日本酒業界は低集中

図表 11-1　低集中度販路と高集中度販路

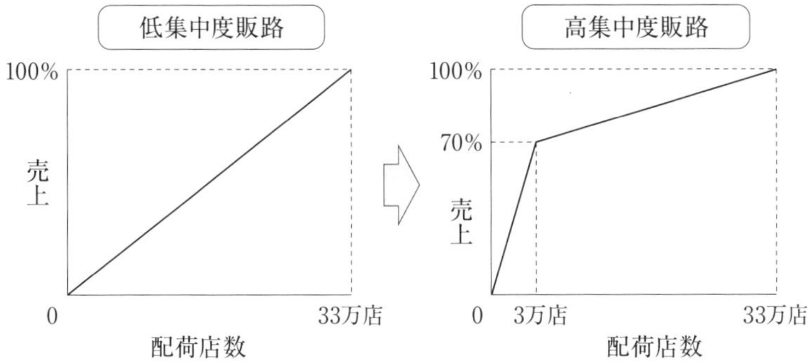

[低集中度販路のグラフ：配荷店数 0〜33万店で売上が0〜100%に直線的に増加]

[高集中度販路のグラフ：配荷店数 3万店で売上70%に達し、その後33万店まで緩やかに100%へ増加]

出所：住谷〔1992〕p.33 参照。

度販路であったり，加工食品業界は高集中度化していると表現できる。この考え方は，個別メーカーでも使用できる。その場合，当該メーカーの売上が取引額上位の小売業に集中している度合いとなる。たとえば，「売上高の7割を約1割の量販店（配荷店）が占めている」といった具合である。

近年においては，多くの業界・個別メーカーで低集中度販路から高集中度販路へと移行しており，それに伴い，消費財メーカーにおける量販店対応の重要性は増している[2]。

このように，直接流通か間接流通か，取引を重視するのか，組織として流通段階を統合していくのか，さらには流通段階のどの段階まで統合するのかといった意思決定がチャネル・デザインにおいて重要となる。

2. チャネル・デザインと管理

(1) チャネル・デザインの基準

チャネル・デザインには，長短・広狭・開閉という3つの基準がある[3]。

① 長短基準

チャネルが何段階で設定されているかに関する基準である。流通業者の介在する段階が多いほどチャネルは長くなり，逆に介在する段階数が少ないほど短くなる。チャネルの段階数は，チャネル統制や情報伝達，さらには流通活動への必要投資量や市場リスク負担に関連する。チャネルの段階数が短いほど管理しやすく情報伝達も効率的となるが，流通活動への投資負担は重くなり市場リスクは高くなる。一方，チャネルの段階数が長いほど管理は難しく情報伝達も非効率となる可能性は高いが，流通活動への投資負担と市場リスクは流通業者と分担できる。

② 広狭基準

ある特定地域における流通業者の多寡に関する基準である。これは流通業者を特定地域内にどのくらいの密度で設定するかを決める。流通業者を制限せず多くに取り扱ってもらう場合，広いチャネルとなる。逆に流通業者を限定する場合は狭いチャネルとなる。この基準は製品の露出度合い（市場カバレッジ）や特定地域内におけるブランド内競争の程度と関連する。広いチャネルの場合，製品露出度は高まるが，同一ブランドを取り扱う流通業者間の価格競争などのブランド内競争が高まる恐れがある。一方，狭いチャネルの場合，製品露出度は低いが，ブランド内競争は抑制・回避できる。

③ 開閉基準

　流通業者の特定メーカーの販売先としての専属度合いに関する基準である。これは流通業者の品揃えがどの程度特定メーカーの製品に占められているかに関連する。特定メーカーの製品に占められる度合いが高いほど専属度は高く，閉じたチャネルといえる。一方，その度合いが低いほど専属度は低く，開いたチャネルといえる。この基準は流通業者に対する影響や販売努力に関連する。専属度が高いほど流通業者に対する特定メーカーの影響力は大きく，積極的な販売努力を引き出すことができる。一方，専属度が低いほど特定メーカーの流通業者に対する影響力は低く，積極的な販売努力を引き出しにくくなる。

　上記3つの基準のうち，広狭基準に関連して伝統的なチャネル・デザインが行われている。これは，伝統的チャネル政策と呼ばれる以下の3つの方針である。

① 集約的流通：製品を可能な限り多くの販売業者の店頭に並べてもらうこと
② 選択的流通：ある一定の基準に基づき，一定地域における販売業者を選択すること
③ 排他的流通：一定地域における販売権を特定の販売業者に与えること

　これらの指針は，消費者の買物行動における探索性向を重視している。探索性向とは，消費者が商品や店舗を探す努力の程度を意味する。これは，探索価値と探索費用によって求められる。探索価値とは探索によって得られる価値であり，探索のために生じる物理的・肉体的・心理的な費用が探索費用である。探索性向とは，探索価値が探索費用を上回るほどに大きくなる[4]。このように探索性向を踏まえると，最寄品とよばれる製品を取扱う場合は集約的流通を，買回品を取扱う場合は選択的流通を，専門品を取扱う場合は排他的流通を選択することが多いといわれている。

　また，より長期・継続的な取引関係を前提として，チャネルの組織化を垂直的な関係の中で捉えていく垂直的マーケティング・システム（VMS）とよばれるものもある。組織の統合度合いによって，企業システム，契約システム，

管理システムという3つの類型がある。

　まず，企業システムは，生産段階と流通段階が単一の資本のもとに垂直統合されているものである。化粧品や日用雑貨の販売会社，自動車メーカーのディーラー・システム，アパレルのSPA（垂直統合小売事業システム）などがある。

　次に契約システムは，資本の異なる企業の間で厳密な契約によってチャネルの異なる段階が統合されるものである。この契約には特定の商品や経営技術・ノウハウの提供方法，利益配分方式などに関する契約が含まれている。この中にはフランチャイズ・チェーン（コンビニ各社），ボランタリー・チェーン（国分グローサリーチェーン），コーペラティブ・チェーン（CGCグループ）などである。

　最後に管理システムとは，資本の異なる企業の間で厳密な契約によらずチャネルの異なる段階がチャネル・リーダーのもとにゆるやかに統合されるものである。チャネル・リーダーとは，チャネル全体の主導的な立場にある企業のことである。加工食品，日用雑貨，酒類などのメーカーが卸売業者と結ぶ特約店・代理店としての契約などがある。

　VMSの中で，最もコントロール力に優れ長期的視点に立った戦略策定が可能なのは，企業システムである。しかし，投資コスト負担は大きく環境変化に対する柔軟性も低い。一方管理システムは，投資コスト負担は小さく環境変化に対する柔軟性は高いが，コントロール力は低く長期的視点に立った戦略策定は難しい。そして契約システムは，企業システムと管理システムの中間に位置すると考えられている。

　消費者の探索性向や特定業界の流通構造，さらにはメーカーのチャネル戦略のあり方によって，どのようなチャネルをデザインするかは異なるが，上述の3つ（長短・広狭・開閉）の基準などからチャネル・デザインのパターンとしてはチャネル組織化の程度によって以下のものが挙げられる。

　チャネル組織化は，「長・広・開」から「短・狭・閉」までの程度の違いによって特徴がそれぞれ異なることを示している（図表11-2）。

　①は，まったく組織化されていない状況である。メーカーや小売業者は小規模のため卸売業者が多段階に介在している場合である。②は，卸売段階を組織

図表 11-2　チャネル・デザインのパターン

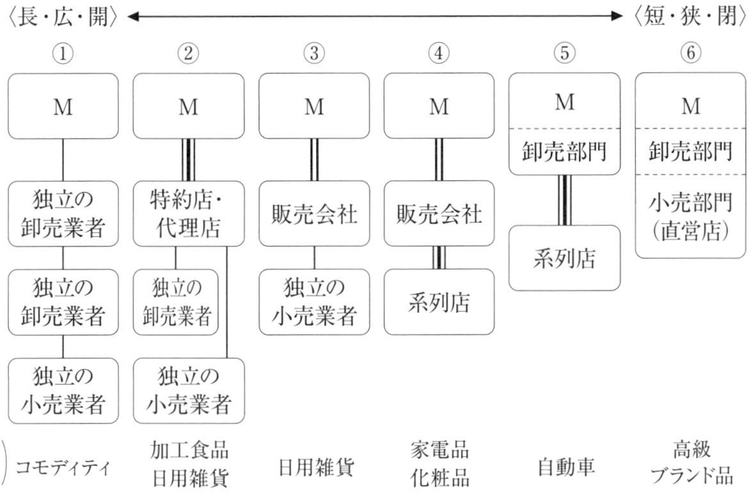

〈長・広・開〉 ←——————————————→ 〈短・狭・閉〉

	①	②	③	④	⑤	⑥
	M	M	M	M	M／卸売部門	M／卸売部門／小売部門（直営店）
	独立の卸売業者	特約店・代理店	販売会社	販売会社	系列店	
	独立の卸売業者	独立の卸売業者	独立の小売業者	系列店		
	独立の小売業者	独立の小売業者				
代表的分野	コモディティ	加工食品 日用雑貨	日用雑貨	家電品 化粧品	自動車	高級 ブランド品

出所：渡辺ほか〔2008〕p.86 参照。

化した場合である。各地域の有力卸売業者を選定し，特約店（代理店）としての契約を結んでいるため，ゆるやかなチャネル組織化といえる。③は，卸売段階に販売会社（販社）を設立し組織化する場合である。この場合，メーカーは販社を通じて小売段階に影響を与えることができるため，2つ目と比べればメーカーの統制力は増している。④は，卸売段階だけでなく小売段階までチャネル組織化が行われた場合である。小売業者の一定地域における取扱業者数や商品取り扱いが制限されることもある。⑤は，卸売段階がメーカーの内部組織となり，④以上に小売段階での組織化が進められる。⑥は，消費者への販売に至るまでのプロセスが1つの組織に垂直統合されている。こうした6つのパターンは，それぞれに統合度合いやコントロール力などは異なるが，いわゆる流通系列化は②〜⑤のパターンを指している。このように，緩やかにチャネルが組織化されている場合，流通業者をうまく活用し，自社製品を積極的に販売してもらえるように管理する方法が課題となる。

(2) パワーと依存度

メーカーが自社の製品を積極的に流通業者に販売してもらうためには、メーカーの流通業者に対する影響力が重要となる。ここでは、この影響力を「パワー」として捉える。パワーとは、ある当事者（メーカー）が別の当事者（流通業者）の行為に対して影響を与えることのできる能力である。つまり、相手に対するパワーを保有することがチャネル管理においても重要となる。

メーカーと流通業者という二者間のパワー関係は、互いの取引の依存度合いによって決まる。そのため、相手に対する自分の依存度合いが低く自分に対して相手の依存度合いが高ければ、相手に対するパワーを持っているということになる。ただし、パワー関係における影響は企業の規模ではなく取引における依存関係に着目しなければならない。

この依存度合いを取引関係に当てはめて理解しようとしたのが、取引依存度モデルである。これは販売依存度と仕入依存度という2つから構成される。販売依存度は、特定のメーカーがある特定の流通業者にどれだけ依存しているか

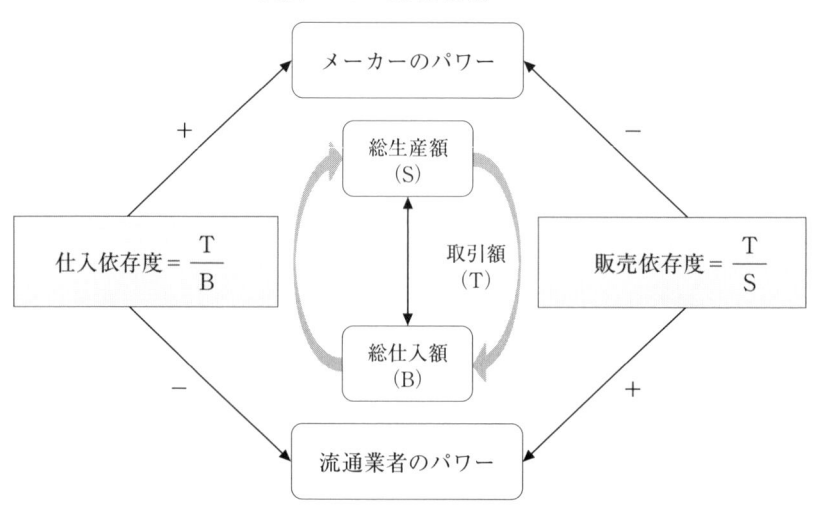

図表11-3　取引依存度モデル

$$仕入依存度 = \frac{T}{B} \qquad 販売依存度 = \frac{T}{S}$$

- メーカーのパワー：仕入依存度 (+)、販売依存度 (−)
- 流通業者のパワー：仕入依存度 (−)、販売依存度 (+)
- 総生産額 (S)、総仕入額 (B)、取引額 (T)

出所：高嶋〔2002〕p.127 を基に作成。

であり，メーカーの総生産額が占める特定の流通業者の販売額の割合によって示される。仕入依存度は，特定の流通業者が特定のメーカーにどれだけ依存しているかであり，特定の流通業者の総仕入額に占める特定のメーカーからの仕入額の割合となる。

メーカーの立場に立てば，流通業者に対してパワーを発揮するには，特定の自身との取引の重要度が高く，その取引相手以外に代替的な取引相手が少ないほど大きくなる[5]。

(3) 建値制とリベート

メーカーはチャネル組織化や販売業者に対するパワーを発揮するための手段として，建値制やリベートなどを導入してきた。建値制とは，メーカーが希望小売価格を設定し，これに基づき，卸売・小売段階の仕入価格（仕切価格，卸売価格）を提示するものである。リベートとは，取引量や支払条件など取引条件に応じて支給される割戻金であり，取引条件を事後的に調整する性格を持っている。

建値の提示により流通段階での価格が決定するため，取引交渉費用を節約することができ，それにリベートを組み合わせることで特定製品の販売促進や代金回収など目的に応じて導入することができる。しかし，建値制やリベートは再販売価格維持行為として独占禁止法上問題となる場合があるので注意が必要となる。

3. 高集中度販路時代のチャネル戦略

(1) パワー関係の変化に伴うチャネル戦略の見直し

　近年，多くの消費財の分野において大規模小売業者が台頭しており，高集中度販路化している。こうした状況は，建値制やリベートを手段としてきたチャネル管理の方法に転換を迫るものとなる。たとえば，建値制を起点として低価格での販売を指向する大規模小売業者が増えることで希望小売価格と小売実勢価格の乖離が大きくなり，リベートは本来の目的としてではなく値引きの原資として活用されることが増える中で，建値制からオープン価格へと取引制度を改訂したメーカーも多く存在する。

　このような小売構造の変化に伴い，卸売構造も変化を余儀なくさせている。それは，大規模小売業者に対応するための広域化や大型化といった動きである。こうした現象に対してメーカーは，量販店（大規模小売業者）対応を中心としてチャネル戦略の見直しを図っている。それは，チャネル管理で考えられてきた取引関係を前提としたチャネル管理ではなく，協調的な関係構築に重点を置いて大規模な流通業者（主に小売業者）との取り組み強化を図るという姿勢である。以下に，その取り組み事例である製販連携として，提案型営業と製品開発による連携について紹介する。

(2) 製販連携①（提案型営業）

　1990年代以降，日本の食品業界においてはECR（効率的な消費者対応）への取り組みが普及していったが，その1つの手段としてカテゴリー・マネジメントがある。カテゴリー・マネジメントとは，単品や部門（たとえば酒類や加工食品）ごとに売場を管理するのではなく，商品カテゴリーレベル（たとえば

ビールやワイン），あるいはジャンルやテーマでの売場に対するトータルでの売上高や利益の最大化を図る手法のことである。

　サッポロビールは，従来小売店のビール売場において，スーパードライと一番搾りのフェース（陳列量）を大きくとれば売上確保が可能といわれているなか，父の日などの記念日においては，高級感のあるエビスビールの陳列を増やし，さらに店頭販促（POP）を掲示して父の日が近いことを消費者に告知することで客単価が上昇すると売場陳列についての提案を行っている。このように，メーカーは自社製品にとどまらず売場全体の活性化を促すような棚割り提案や売場の演出，チラシ対策や販促のタイミング，さらには店頭在庫の補充などに対する提案営業を行うことで売場全体の活性化を促し，それがひいては自社製品の売上増をもたらしている[6]。

(3) 製販連携②（製品開発による連携）

　小売業者や卸売業者が主導となって開発するプライベート・ブランド（以下，PB）も製販連携の1つである。PBとは，流通業者が開発主体となっている特定小売業者の店舗で販売するブランドのことである。

　これまでPB開発は，3番手4番手以下の下位メーカーが開発するというイメージがあったが，近年では上位メーカーがPB開発に参画することが増えている。たとえば，セブン＆アイ・ホールディングスのセブン・プレミアムにおける冷凍食品（エビシューマイ）の開発を冷凍食品業界の上位メーカーである味の素が行っている。その背景には，市場の縮小，冷凍食品自体の安売りの常態化による利益の悪化，さらには自社NBとの競合以上に大規模小売業者への対応を重視することで小売店舗の陳列棚の確保やメーカー自身の売上自体の確保などがある。そのため，メーカーにとって有力な大規模小売業者のPB開発は，チャネル戦略においても重要な位置を占めつつある。

　ただし，メーカーにとっては，計画生産を続ける中で生産の稼働率を落とすよりは特定の大規模小売業者のPB開発をするという選択肢を選ぶといった側面があるため，あくまでも売買関係を前提とした上で，そこにおける交渉問題

に注意しつつ協調的な関係の構築に取り組んでいる。とはいえ，こうした動きはさらに進展していくと考えられる[7]。

【課題レポート】
① チャネル・デザインのパターンを参考にある業界の企業のチャネル・デザインを具体的に調べまとめなさい。
② 製販連携（提案営業や PB 開発）などの具体例について調べまとめなさい。

【復習問題】
① チャネル・デザインとチャネル管理のポイントをまとめなさい。

＜注＞
1) 住谷〔2000〕p.47 参照。
2) 住谷〔2000〕pp.4-5 参照。
3) 風呂〔1968〕pp.197-212 参照。
4) 鈴木・田村〔1980〕pp.110-112 参照。
5) 高嶋〔2002〕p.126 参照。
6) 『日経 MJ』2008 年 6 月 2 日，2007 年 11 月 11 日記事参照。
7) 『日経 MJ』2008 年 6 月 13 日記事参照。

＜参考文献＞
東伸一〔2010〕「北欧アパレル企業のマーケティング」『海外企業のマーケティング』同文舘出版。
石井淳蔵〔1983〕『流通におけるパワーと対立』千倉書房。
鈴木安昭・田村正紀〔1980〕『商業論』有斐閣。
住谷宏〔1992〕『大転換期のチャネル戦略』同文舘出版。
住谷宏〔2000〕『利益重視のマーケティング・チャネル戦略』同文舘出版。
高嶋克義〔2002〕『現代商業学』有斐閣。
崔相鐵・石井淳蔵編〔2009〕『シリーズ流通体系 2　流通チャネルの再編』中央経済社。
風呂勉〔1968〕『マーケティング・チャネル行動論』千倉書房。
渡辺達朗・原頼利・遠藤明子・田村晃二〔2008〕『流通論をつかむ』有斐閣。

第 12 章

物流戦略入門

■ 本章のねらい

　わが国の消費需要が低迷する中で，消費者からの高い支持率により業績が好調なコンビニエンス・ストアには，お弁当やおにぎりなどをはじめとして，多くの売行きが好調な商品が陳列され，消費者は好きなものを何時でも購入することが出来る。その一方で，今日の消費者の多くは小売店頭に商品が陳列されていても，購入意欲が刺激されなければ，商品を購入することは無い。

　それらのことから，消費者が買い物をしたいと思う小売店頭に消費者の欲する商品を品揃え・陳列することが不可欠になる。しかしながら消費者がそれら商品を継続的に購入するとは限らず，小売業は顧客が求める商品を必要な時に，必要な数量のみ確実に，最適コストで店頭に陳列する仕組みを構築することが重要になる。そこで求められるのは，生産者が生産・保管した商品を，小売店頭まで必要な時に必要な量を配送する物流活動である。なかでも，実需に対応した生産流通システムの構築が求められる延期型の生産流通体制下においては，物流サービスの顧客満足度の向上の視点が重要度を高めている。

　本章では，企業経営における物流活動の重要度の高まりを，チェーン小売業の商品調達への自らの取組みに対応した，消費財の生産・出荷体制の変化に関して整理する。次に，企業の経営戦略の遂行に対応する物流諸活動をロジスティクス・マネジメント概念と成果を高めるための物流管理システムに関して解説することで，消費財取扱企業における物流の役割と重要性の理解を促す。

■ キーワード

多品種生産，多頻度少量配送，リードタイム，窓口問屋制度，業務革新，SPS，SCM，一括納品，投機型，延期型

1. 企業経営で重要性が高まる物流活動

　物流活動とは，文字どおり物の流れを表す言葉である。物は自ら動くことができないので，誰かが動かさなければならず，この「物を動かす一連の活動」が物流活動である。ここで言う物とは，われわれが小売店頭で購入する商品をはじめ，工場で使用する原材料や部品などをも含めた「形があり売買の対象になるもの」を指している。つまり，工場で生産され，農場で収穫され，近海で漁獲され，あるいは輸入された製品（物財）が，消費者の手元に届くまでの輸送・保管活動などに代表され，それに関わる全ての活動を意味している。

（1）　企業経営における物流の発展

　物流という言葉は，1956年に「流通技術専門視察団」[1]が米国から持ち帰ったPhysical Distributionだと言われている。当時は，原語のまま使用されていたが，1965年に閣議決定された中期経済計画にて，「物的流通の近代化」の必要性が主張されたことを契機として「物的流通」という訳語が使われるようになった。当時，すでに大量生産・大量消費時代になっており，行政が関心を寄せたのは生産された物財を消費者に適切に供給する手段としての物流活動の近代化を図ることが，わが国における健全な経済発展にとって重要なことであると認識されたことが背景にある。わが国では，産業の近代化の御旗のもとで，行政は高速道路や港湾施設などのインフラ整備に力点を，民間企業においては産業の近代化として機械化・省力化への取組みに力点をおいてきた。

　なお，今日の物流という言葉は，1970年代に物的流通から略称されるようになったと共に，企業経営での必要な管理領域と位置付けられるようになった。言い換えれば，1970年代を境に物流活動の近代化が主体的テーマであったものが，企業経営管理の対象としてコスト削減化対象[2]として位置付けられるように変化してきたことを意味している。

(2) 物流が注目される背景と企業経営における物流活動の重要性

① 物流活動が注目される経済環境

次に，昨今の景気低迷の中で，売上高の対前年度伸び率がマイナスになる状況にある一方で，各種の運営コストが高まる傾向がみられ，結果として利益を圧迫する経営構造を余儀なくされることを意味している。特に，顧客から物流サービスレベルの向上を求められることで，物流コストが上昇する傾向が高まっている。このような状況もあり，物流コストの削減に対する関心が高まってきている。このことは，顧客から物流サービス提供レベルの高度化を求められるなかで，ローコスト化の実現が求められていることを意味している。

まさに，相反する内容の実現が，物流サービス提供側にとって重要度の高い課題になっている。これらから，企業間取引において，物流サービスレベルの高度化の重要性が高まっており，企業の競争優位性を左右する要件であると同時に，物流活動に関わるコスト低減化が，企業収益を左右する要件の1つになっている。

② 企業経営における物流管理の重要性の高まり

企業経営にとって物流の重要性に対する認識が高まったのは，1970年代に「物流は第3の利潤源」[3]と強調されたことが契機になっている。ここで，第3という意味は，第1が「売上の増加」であり，第2が生産者であれば「製造原価の低減」であり，流通業であれば「仕入原価の低減」である。これに続く第3の利潤源が「物流コストの低減化」として位置付けられた。利潤源として物流コストが注目された背景には，以下のような構造がある。

A社の販売金額が，100億円であったとし，物流コストが5億円（売上高対比5%），その他のコストが92億円，営業利益が3億円（売上高対比3%）と想定する。ここで，A社が，物流コスト削減に取組むことで10%（0.5億円）のコストダウンを実現できれば，0.5億円の利益が増加することになる。これに対して，物流コスト削減により得られた0.5億円を第1の利潤源である「売

図表12-1 A社の企業経営数値

(単位：億円)

		A社の経営数値	物流コストを10%削減した場合の経営数値	物流コストを10%削減したことにより得られる利益を、売上高増加で確保する経営数値
	売上高	100	100	117
コスト	仕入原価	85	85	99.45
	人件費	5	5	5.85
	間接コスト	2	2	2.34
	物流コスト	5	4.5	5.85
	営業利益	3	3.5	3.51

注：売上高増加分に対応して、各種経営コストを比例して増加させている。

上高の増加」によって確保しようとすると，売上高の増加がどの程度必要かということを考えてみたい。

A社の利益率は3％なので，0.5億円の利益を確保するには約17億円の売上高の増加を確保することが必要になる。つまり，売上高換算で17％の増加に換算される。言い換えれば，売上高対比5％の物流コスト総額に対して，コストを10％削減させることは，企業経営において売上高を17％増加させることと，ほぼ同様の効果を得られることを意味する。

なかでも，1970年代は第一次石油ショックの発生した時期でもあり，売上高の増加を確保することが困難な状況にあるうえに，製造原価低減が困難であるとの時代背景があった。物流が企業経営にとって重要性が高まったこともあり，先駆的企業においては物流管理部門を創設するなど，今日における物流が注目される基礎が築かれた。

(iii) 企業経営において物流活動が注目される背景

企業が顧客から注文を受けた商品を，約束した時間に，約束した場所に，しかも決められた数量を届けることを物流サービスと言う。顧客は自らが求める物流サービスの提供を受けることを前提に，諸活動を行うことにある。そのため，提供する物流サービス内容とその確実な提供は，マーケティング活動にとって重要な意味を持つようになっているので，それらを解説する。

消費者から支持率の高い，コンビニエンス・ストア，ドラッグストアさらには食品スーパーでは，陳列する商品が約束の時間に約束の数量届くことを前提に，仕入先に発注している。とくに，商品を店頭に最低限の数量しか保管しない傾向が高まってきている今日では，発注したとおりに商品が納品されないと，陳列棚に商品を品揃えすることが出来なくなる。これを小売業側からの視点で考えると，発注商品が予定して陳列出来ていれば売れたはずなのに，陳列できなかったので販売機会の損失が発生する。さらに，当該商品が欠品することは，商品購入のために来店した消費者には購入が出来ず，結果として店舗に対する信頼を失うことになってしまう。その意味では，小売経営にとって発注した商品が納入される物流活動の重要性が益々高まっていることを意味している。

　物流活動の重要性は，世界的に高い評価を得ているトヨタ自動車の「かんばん方式」でも確認することができ，決められた時間に必要な部品を確実に生産ラインに補充されることを前提に構築されている。もし，部品が決められた時間に届かないことがあれば，工場の生産工程自体がストップすることになってしまう。言い換えれば，世界的に評価の高いトヨタ自動車にとって，部品の補充と言う物流活動の維持無しには，「かんばん方式」を語ることが出来ない。

2．消費形態の変化に伴う生産・流通活動の変化

（1）　生産と消費の変化〜投機型から延期型への転換〜

　工場で生産され，あるいは農場や近海で収穫や漁獲し（あるいは輸入され）た製品（物財）の多くは，小売店頭で消費者の購買を前提としている。それは，消費者に販売する小売店頭に陳列・販売されることを主たる手段としている。従来の流通システムは，生産段階において小売店頭を想定することで，見込み生産した商品を販売側の都合を優先した供給体制を構築していた。

しかしながら，近年においてわが国の流通システムが生産主導から小売主導へと転換[4]する中で，いかに商品を消費者の需要に対応して提供するかが重要になってきている。従来は，生産者側が販売数量を見込み，その予測により生産したものを小売店頭に陳列すれば，消費者が購入してくれた。それが今日では，小売店頭に商品が陳列されていても，消費者が購入意欲を持たなければ購入（小売業から見ると販売）しない状況にある。それは，消費者が求める小売店頭への品揃え・陳列を優先することが重要であることを意味している。言い換えれば，今日においては商品の生産も重要であるものの，消費者に支持される商品供給の仕組みを確実に構築することの重要性が高まっている。

これらの変化を受けて，販売数量を予想する「見込み」での生産・配送を行う投機型マーケティングから，販売実勢を前提とした「実需」に俊敏に生産・配送を調整する，延期型マーケティングへの転換が消費財を主体に多くの領域で顕在化してきている。生産および販売の数量調整に着目した場合，延期型のマーケティングは，数量を迅速に調整可能にするものであり，投機型マーケティングは数量をあらかじめ在庫として固定することを前提にし，実需に対応して値下げ（価格調整）や仕入先への返品などによって調整する仕組みである。延期型流通システムには，製品差別化をいつ行うかという意思決定も含まれる。製品差別化の投機とは，標準製品の大量生産に対応しており，このシステムの下で顧客ニーズを知るより早い時点で大規模生産が行われ，規模の経済による低コスト化が追求される。一方で，製品差別化延期は，顧客の注文が確定して初めて製品を完成させる仕組みであり，顧客に待ち時間コストや，完成品を見ないままで発注するという不便さが生じるため，受注から完成までのリードタイムを短くする工夫が不可欠になる。たとえば，製品形態を確定しないで半製品を在庫するのは古くから知られた対応策である。

(2) 延期型に伴う多品種化と多頻度少量配送の定着化

1988年の産業構造審議会流通部会作成の『90年代の流通ビジョン』には，1990年代における流通システムの基本的方向として，消費者ニーズを背景と

した多品種生産を前提とした多頻度少量配送の定着化が指摘されている。

① 生産における多品種化の進展

生産の多品種の状況を，国内ビール業界で確認していく。ビール業界は，長期にわたって一社一基幹ブランド体制であったが，1987年5月のアサヒビールの「スーパードライ」の発売を契機として多ブランド化に転換した。スーパードライが発売される以前のビールの国内消費量は，停滞気味[5]であったものの，スーパードライの成功はビール市場全体の規模拡大化に刺激を与えたと考えられる。スーパードライの成功に刺激された他メーカーは，競って多ブランド化に取り組んだ。とくに，業界最大手であったキリンビールは，市場地位の戦略上，競合他社の生産する全ての商品を生産することに取組んだ。その結果，同社のブランド数とアイテム数は，1970年から比較するとブランド数が3.0倍の増加であるのに，アイテム数のそれは20.14倍と急増した（図表12-2参照）。

なお，1992年段階で同社の売上高の90％は，上位8アイテム[6]であった。

図表12-2　キリンビールにおけるブランド数とアイテム数の推移

(1970〜1992年)

年　　次	1970	1975	1980	1985	1990	1992
ブランド数	4 (1.00)	4 (1.00)	5 (1.25)	7 (1.75)	12 (3.00)	12 (3.00)
アイテム数	7 (1.00)	7 (1.00)	9 (1.29)	32 (4.57)	56 (8.00)	141 (20.14)
売上高	2,795 (1.00)	4,682 (1.68)	8,305 (2.97)	11,517 (4.12)	11,998 (4.29)	13,157 (4.71)

注：カッコ内は1970年を100とした指数。
出所：箸本〔2001〕p.134を基に作成。

② 生産の多品種化に伴い求められる多頻度少量配送

生産の多品種化を図ることで，消費者の多様化するニーズへの対応度合いは高まるが，それには小売店頭への迅速で適切なコストでの商品供給を行うこと

が不可欠になる。言い換えれば，従来に比較して多種類の商品を多頻度で配送する仕組みの構築が必要になっている。消費財の多品種化に伴う多頻度少量配送化を推進するには，情報システム化を前提とする必要があると通商産業省流通産業課[7]が指摘している。なかでも，情報化の進展が，消費財流通における物流面で次の5点の変化をもたらしたと指摘されている。

(i) 小売業への配送単位の小ロット化が進展した。
(ii) 小売業が，注文してから注文品が納品されるまでの時間である，リードタイムの短縮化が進展した。
(iii) 小売業から注文された商品の納品される回数の頻度が高まった。
(iv) 小売店頭での売切れ防止策のために，緊急に納品要請が増加した。
(v) 配送における納品率を向上させる一方で，誤納品，遅配の低下などといった物流サービスの精度が注目され，その成果が求められた。

3. 多頻度少量配送システムの構築

(1) 多頻度少量配送システムの構築

　生産流通システムが，投機型から延期型へと転換することで企業に求められる対応策は，実需情報の迅速な把握と迅速な輸配送になる。生産品目の多品種化が進展している中で，少量を販売実績に対応して配送する物流システムの構築が必要になる。言い換えれば，多頻度少量配送システムの構築であり，消費者への最終販売と物流（特に保管・輸配送）活動の同期化を目指すこととなり，在庫の削減と小売店頭での欠品による機会損失を防ぐことを目指している。

① 調達物流システム構築への対応の必要性
　チェーン小売業は，調達物流システムの構築への関与度を高めながらも，そ

れら業務部分の殆どを仕入れ先に依存していた。しかし，仕入先に依存するのみでは需要予測に的確に対応することが困難であり，従来のように一度に多くの商品納入を受けて在庫を抱えることで，経営上のリスクを拡大させる状況から脱却できなかった。そこで，販売状況に対応し，必要な商品を必要な量だけ確保する調達物流を構築することを目指そうとした。

1980年代には，チェーン小売業が調達物流への関与度を高める手法として，多くのチェーン小売業が物流センターの構築に動き始めた。今日では，チェーン小売業の約9割が何らか物流センターを構築[8]するまでになっている。

② チェーン小売業の多頻度少量配送システム構築のねらい

チェーン小売業が調達物流の構築に主体的に取組むねらいは，小売業における在庫量の削減と小売店舗での作業負荷の軽減化の2点に集約化できる。

まず，在庫量を減少出来れば，バックヤードでの商品保管場所が少なくて済み，保管費用の削減が可能になることに加え，その分を売場面積として拡大することが可能になる。在庫量を極力少なくするには，販売された商品を適宜補充することが必要になる。そこでは，リードタイムの短縮化が前提になる。

次に，指定した時間に納入されることに加え，発注商品に対する納品精度の向上を図ることなどで入荷時の検品作業や店舗補充作業の合理化効果が高まることになり，結果的に小売店舗での作業負荷の軽減化が寄与することになる。

③ チェーン小売業の調達物流への取り組み

1980年代に入り，チェーン小売業の成長に対応して，加工食品卸売業の多くが物流サービスレベルの向上に積極的に取り組んだ。それら動向もあり，チェーン小売業の多くは，調達物流を卸売業に依存し新規出店に力点をおいてきた。当時はメーカーによる特約店・代理店制度が色濃く残っていたため，小売業の加工食品売場の品揃えをするには，少なくとも数十社の卸売業者から商品を仕入れることになる。それでは，前述したように店舗オペレーション面での合理化が困難になるので，独自の調達物流の構築に取り組んできた。以下，チェーン小売業の調達物流システムの2大潮流の取り組みを整理する。

176

図表 12-3　有力チェーン小売業の仕入れ物流の概念図

イトーヨーカ堂における窓口問屋制度

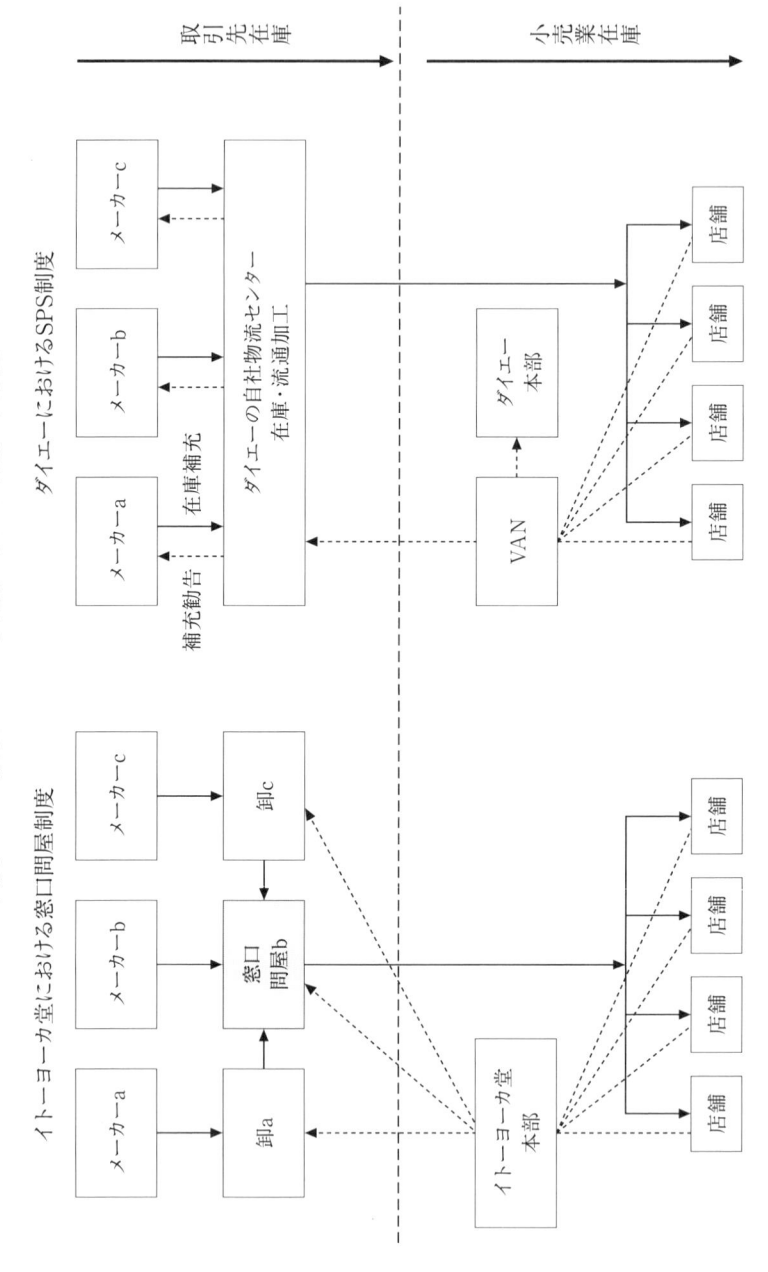

ダイエーにおけるSPS制度

取引先在庫 → 小売業在庫 →

注：──は、物流の流れ、‐‐‐‐は、注文情報の流れを意味している。
出所：財団法人流通経済研究所『食品産業活動適正化基本調査』1987年。

(ⅰ) ダイエーのSPS（ストック・ポイント・システム：Stock Point System）

1985年からダイエーが導入したのが，SPSである。それは，卸売業を経由せずメーカーからダイエーの物流センターに直送し，ダイエーが自ら店舗別に仕分けをして店舗へ配送するシステムである。

しかし，この仕組みは，わが国小売業に定着することにはならなかった。その主たる理由は，a）メーカーの配送システムが未整備であった。b）商品回転率の低い店舗陳列の3割程度の商品は，卸売業配送が相対的に優位にならざるを得なかった。c）メーカーの特約店制度・代理店制度の移行から，商流は卸売業経由である[9]。商流が卸売業に残された理由は，メーカーが卸売業経由をはずした場合には，ダイエー以外への販路を失う可能性を懸念したことである。言い換えれば，大手のチェーン小売業でもわが国小売販売額に占める寡占度が低いことが主たる要因になっていた。

(ⅱ) イトーヨーカ堂の窓口問屋制度

1986年からイトーヨーカ堂が導入したのが，窓口問屋制度である。それは，地域ごとに窓口となる卸売業を選定し，その卸売業に同社が取引する他の卸売業の納入商品を配送することで一括化することである。その上で，当該地区の窓口問屋に指定された卸売業が，一括して店舗に納品する仕組みである。窓口問屋制度は卸売業の設備を活用するので，イトーヨーカ堂は固定資産を有しない。

さらに，卸売業が在庫を所有し，小売業として在庫に関わるリスクを負うことは無い。わが国における商品価格が，特約店制度・代理店制度を前提にした価格体系であり，仕入価格に小売店頭までの物流コストが含まれている価格制度に依拠している。言い方を換えれば，卸売業に配送を依存しても仕入れ価格が変わらないのであれば，卸売業を有効に活用した方が得策であると考えた。

（2） 多頻度少量配送定着化による変化

① 多頻度少量配送の定着化

1990年代は，チェーン小売業の発言力の増大と共に，リードタイムは短縮

化された。1990年代前半にはリードタイム24時間化が定着[10]したようであり，発注単位は従来のケース単位から，原則として単品を単位とするものへと変化した。

　以上のような多頻度少量配送の普及は，小売業における経営効率を向上させた一方で，配送の多頻度少量化による物流（特に輸・配送）コストの増大化，さらには，多品種化に伴う流通在庫負担の納入側への転嫁システム化の定着である。結果的に，流通在庫や配送機能を担う卸売業やメーカーにとっては，物流関連コストの増大をもたらすことになった。

　② 多頻度少量配送化に伴う物流体制の変化

　多頻度少量配送の普及は，流通チャネルの在庫リスクを仕入先へと転嫁させ，メーカーや卸売業の輸配送変革の必要性を高めた。そこでの重視点は，物流活動のシステム化によるコスト削減である。物流コスト削減のために，配送エリア拡大，流通在庫の集約，配送車両の積載効率の向上などが課題になった。なお，多頻度少量配送システム構築による物流体制の変革に当たっては，受・発注や物流システム化に伴う，情報システム化が不可欠な前提条件になっている。

4. サプライチェーン・マネジメント

（1） サプライチェーン・マネジメントにおける物流の重要性

　需要を供給が上回る物余りの今日においては，小売店頭での販売と物流（保管・配送）活動を連携化させることで，小売店頭での在庫量の適切化を図ると同時に，欠品による販売機会損失を極小化するという，相反する経営課題を実現するものである。そこで，近年経営課題の解決方策としてサプライチェーン・マネジメント（Supply Chain Management，以下SCMと言う）が注目されている。

SCMは，情報技術（Information Technology，以下ITと言う）を駆使して商品供給全体をマネジメントする概念である。

　物余り時代では，流通に関与する企業は，個々の企業が「リスクの軽減化」を考え，不都合なところは取引先に押しつけリスク負担を極小化する動きが見られてきた。このように，個々の企業が自社の利益を優先しすぎると，生産から消費までの全体としての効率化よりも，むしろ相互不信感に基づく非効率化が経済化し易い。これらの悪循環から脱却する方策として登場したのが，SCMであり，SCM成功の鍵は，物流管理プロセス合理化の対象をメーカー，卸売業者，小売業など取引当事者企業間における範囲とすることである。それは，小売店頭での販売予測が正確になされても，商品を効率的に供給する仕組みが整っていなければ意味をなさない。物流活動において商品供給（調達）に付帯する情報および取引を管理し，在庫量と物流コストを最小に維持しながらも，顧客などに最大限の物流サービスを提供することを目指した仕組みである。

　SCMを成功させるには，情報，生産・物流・市場に関する情報共有が不可欠であり，商品と情報を一体化しながらリアルタイムで，更新されるような在庫管理，配送管理が必要になる。

（2）　小売業主体のサプライチェーン・マネジメントの構築

　小売業を主体にしたSCMは，デマンドチェーン・マネジメント（Demand Chain Management，以下DCMと言う）とよばれることもある。SCMが供給業者の視点であるのに対し，DCMは小売業視点の仕組みであり，小売店頭を起点に効率的なサプライチェーン間に無駄な生産・在庫を発生させないことである。それに加え，店頭で欠品も起こさないマネジメント手法である。これを実現させるために，最も重要になるのは物流活動のマネジメントである。

　SCMは，小売店頭における販売実績情報を把握し，その販売動向を基に生産数量を決定し，生産物を確実に小売店頭に補充・陳列する仕組みである。この物流システムは，発注と納品は共に小口で多頻度になることで，物流コストは高くなる。しかし，小売店頭および物流センターでの在庫最小化を実現する

ことで，サプライチェーン全体では総コストは低く出来る。従来の商品供給の仕組みは，小売業・卸売業・メーカーが，それぞれ自社の思惑に基づいて発注する傾向があった。小売業は店頭欠品を恐れ実需より多めに発注し，卸売業はその小売業に対しての供給責任を意識するあまり，さらに実需以上の在庫を持つことになる。その余波はメーカーに対しても影響を及ぼすことになる。

そこで構築されたのが，CRP（連続自動補充：Continuous Replenishment Program）であり，ITを駆使した物流システムである。補充する側が送り込む数量を決定するSCMにおける物流システムの代表的な取り組みである。コンピュータ情報をもとに在庫アナリストとよばれる補充担当者が決定，最小の配送コストで，欠品を起こさないで補充するのがねらいである。

【課題レポート】

① 商品ライフサイクルが短縮化する中で，企業の物流活動のあるべき方向に関して，生産視点で論じなさい。

【復習問題】

① 企業活動における今日的物流戦略の課題に関して述べなさい。
② 小売業の仕入物流の変遷に対応した，納入企業の対応戦略に関して述べなさい。

<注>
1) 1956年に日本生産性本部（現在の社会経済生産性本部）が派遣した視察団である。
2) 中田〔1998〕参照。
3) 湯浅編著〔2005〕p.22参照。
4) 久保村編著〔2009〕p.40, 41参照。
5) 国税庁酒税課のデータによれば，1987年以前の4年間のビールの国内総消費量は，83年の49.4万kl，84年の46.8万kl，85年の47.8万kl，86年の49.7万klが，発売後に増加し，90年には66.0万klと増加している。
6) 箸本〔2001〕p.135参照。
7) 中小企業庁取引流通課〔1985〕参照。
8) 日本チェーンストア協会〔1995〕参照。
9) 「日経流通新聞」1993年12月14日参照。
10) 株式会社平和堂物流事業部島田恭一氏の2006年12月14日の財団法人流通経済研究

所の報告レジメより。

＜参考文献＞

久保村隆祐編著〔2009〕『商学通論（七訂版）』同文舘出版。
中小企業庁取引流通課〔1985〕『中小卸売業の情報化ビジョン』通商産業調査会。
中田信哉〔1998〕『物流政策と物流拠点』白桃書房。
日本チェーンストア協会〔1995〕『チェーンストアにおける物流効率化に関する調査研究報告書』。
箸本健二〔2001〕『日本の流通システムと情報化』古今書院。
湯浅和夫編著〔2005〕『「物流」の仕組み―基本と常識―』かんき出版。

第 13 章

サービス・マーケティング入門

■ 本章のねらい

　サービス・マーケティング研究は，主として北米と北欧でその発展を見ることができる。マーケティング研究から派生し，モノとの違いからサービスをとらえ「顧客との接点」を中心に議論を展開した北米や日本における「サービス・マーケティング研究」と，顧客のみならずサービスを提供する企業のリレーションシップを重視しマネジメントに主眼を置いた北欧中心の「サービス・マネジメント研究」は，視点こそ違うもののサービスを対象とした研究分野であることに相違ない。そこで本章では，両研究の系譜を踏まえつつサービスを提供する企業が抱えるサービス財（製品）・顧客・サービス提供者（従業員）に関する課題とそれを包含するサービス・マネジメント・システムについて理解を深めることを目的とする。

■ キーワード

有形性，無形性，サービス・マーケティングの7P，サービス・トライアングル，顧客満足，インターナル・マーケティング，従業員満足，サービス・マネジメント・システム

1. 製品としてのサービス

(1) モノとサービス

　サービス・マーケティング研究は，1960年代頃から北米や北欧を中心として発展してきた。北米を中心としたサービス・マーケティング研究は，マーケティング研究の一分野として「モノ（物財）」と「サービス」を区別することから始まった。その主張の中心は，「『モノ』と『サービス』という代わりに『有形財』と『無形財』とよんだ方がいい」[1]とLevittが述べているように「形があるかないか」で，モノとサービスを区別することであった。

　その後も，モノとサービスをその差異から捉えようとする試みは続けられた。Shostack〔1977〕が主張するように，モノとサービスを有形財か無形財かという一元論ではなく，連続体であり「有形性・無形性どちらが優勢か」といったひとつのものさし[2]として捉えるといった考え方もある。

　近年では，モノとサービスを分けるのではなく，製品はモノとサービスの組み合わせで構成され，その核となっているのが「モノ」なのか「サービス」なのかによって両者を分類している。製品は，「核」と「周辺的サービス」によって構成されているが，「核」がモノであれば「モノ」として，「核」がサービスであれば「サービス」として扱われる。たとえば，核である家電製品（モノ）に配送やアフターサービス等の周辺的サービスが付加されているように，モノが核となっていても単独で販売されることは少ない。一方で，サービスと組み合わされて販売されているモノも多い。たとえば，ホテルは核となっているのは宿泊サービスであるが，周辺的サービスには客室やアメニティなど施設とモノが組み合わされて構成されている。

(2) 属性面から見たサービス特性

サービスをモノと同じように扱うことができないのは，サービスには属性面からみて下記の特性があるからだとされている。ここでは，Zeithaml, Parasuraman, Berry が整理したサービスの特性[3]を示す。

① 無形性

モノは「目に見える」，「形がある」のに対し，サービスは「目に見えない」，「形がない」，つまり「無形」である。サービスは，無形であるがゆえに，顧客が目で見て品質を確認することができない，特許による保護ができない（他社に真似されやすい），価格設定が難しいという特性がある。

② 生産と消費の同時性

モノは，生産してから消費するまでにかなりの時間を要する。一部のモノを除いて，製造業者と消費者が顔を合わせることはない。一方で，サービスは生産と消費が同時である。美容院に行かなければ髪を切ってもらうことができないように，生産の場に顧客の出向が必要とされる。

③ 非均質性

工場で生産し出荷するまでの過程で品質管理が可能なモノとは異なり，生産と消費が同時に行われるサービスは，品質管理が困難である。また，サービス提供者が異なれば，同一サービス・同一価格であっても全く同じサービスを提供することは困難である。また，同じサービス提供者が提供したサービスであっても，常に同じ品質を保つことは難しい。品質にばらつきがあるがゆえに，サービスは標準化と品質管理が困難であると言える。

④ 消滅性

店頭や店舗のバックヤードに在庫を持つことができるモノとは異なり，サービスは，生産と消費が終了した時点で消滅し在庫を持つことができない。在庫

ができないために，サービス提供者が提供可能な量には限界がある。また，ホテルや映画館のようなサービス施設は，提供可能な量が一定であり需要の変化に応じて供給量を変化させることができない。

（3） 対象と行為の本質に基づくサービス分類

モノを対象としたマーケティングが，財を分類してその特性を明らかにしたように，サービスも様々な切り口での分類が試みられてきた[4]。本項では，Lovelockによる「対象と行為の本質に基づくサービス分類」を紹介する。これは，サービスの受け手（人かモノか）とその行為の本質（有形か無形か）によって分類したものである。

① 人の身体を対象とするサービス

「人に作用するサービス」ともよばれ，人を対象にした有形の行為である。

このサービスの特色は，顧客がサービス生産の場まで出向しなければならないこと，また顧客のサービス生産への参加が求められることである。

② モノを対象とするサービス

「モノに作用するサービス」ともよばれ，モノに対する有形の行為である。

このサービスは，顧客の所有物に変化を与えることを目的としているため，モノを預けてしまえば顧客がサービス生産に携わる必要はない。

③ 人の心を対象とするサービス

「人の心に作用するサービス」ともよばれ，人の心に訴えかける無形の行為である。広告や娯楽など，顧客とサービス提供者が全く接点を持たないサービスも存在する。

図表 13-1　プロセスによるサービス分類[5)]

サービスの作用特性	サービスの直接の受け手	
	人	所有物
有形の行為	（人を対象とするプロセス） 人の身体に向けられるサービス 旅客輸送 健康医療サービス 宿泊 美容院 ボディ・セラピー フィットネス・クラブ レストラン／バー 理容院 葬祭サービス	（所有物を対象とするプロセス） 物理的な所有物に向けられるサービス 貨物輸送 修理／メンテナンス 倉庫／保管 建物・施設管理サービス 小売流通 クリーニング 給油 造園／芝の手入れ 廃棄／リサイクル
無形の行為	（メンタルな刺激を与えるプロセス） 人の心・精神・頭脳に向けられるサービス 広告／PR活動 芸術／娯楽 放送／有線放送 経営コンサルティング 教育 情報サービス コンサート サイコセラピー 宗教 電話	（情報を対象とするプロセス） 無形の財産に向けられるサービス 会計 銀行 データ処理 データ変換 保険 法務サービス プログラミング 調査 債権投資 ソフトウェア・コンサルティング

④　無形資産を対象とするサービス

「情報に作用するサービス」ともよばれ，モノに対する無形の行為である。

　会計や銀行，調査など，顧客がサービス提供者との接触方法を選択できるものもある。たとえば，銀行は顧客が窓口，店舗，インターネットなどの取引形態を選択することができ，銀行と顧客との接点の違いやサービス内容により手数料が課されることとなる。

(4) サービス・マーケティングの7P

モノとサービスの違いを踏まえると，サービスには，モノと同じマーケティングは通用しないのではないかという疑問が生じるであろう。このような視点から，Booms and Bitner[6]によって，マーケティングの4Pを拡張した「サービス・マーケティングの7P」が提唱された。

マーケティングの4Pは①Product（製品）②Price（価格）③Promotion（広告・プロモーション）④Place（流通）であった。サービス・マーケティングの7Pは，これら4Pに⑤Physical Evidence（フィジカル・エビデンス）⑥Process（プロセス）⑦Participant（参加者）を加えたものである。近年，ParticipantはPeopleとして紹介される文献が多いため，ここではPeople（人々）として紹介する。

① Product（サービス財）

マーケティングの4Pでいう「製品」は，サービス財を示している。企業は，核となるサービスを提供できているか，周辺的サービスとの組み合わせは適切か考慮する必要がある。

② Price（価格）

サービスの価格を付けるのは難しい。モノとサービスの価格戦略に共通点があるとするならば，両者ともに価格が品質のシグナルとなっていることであろう。高価格なモノやサービスは，高品質であると判断される。モノとサービスの価格戦略の違いを挙げると，モノの価格は基本的に日々変化することはないが，サービスは全く同じサービスであっても価格を変化させることで需給のバランスを取っている。ホテルや航空機などの施設で供給量が一定であるサービスは，日々，価格による需給調整を行っている。

③ Promotion（広告・プロモーション）

サービスの広告は難しい。顧客に過度な期待を抱かせると失敗し，全く期待

を抱いてもらえないと顧客はサービスを購入しない。サービス・マーケティングにおける広告・プロモーションは，期待と提供可能なサービスとのバランスや，クチコミの管理が課題である。

④ Place（流通・店舗立地）

サービスは，「生産と消費の同時性」からわかるように，流通チャネルを必要としないものが多い。そのかわりに，顧客がサービスを受けやすいように，利便性を考えた店舗立地を考慮しなければならない。

⑤ Physical Evidence（フィジカル・エビデンス）

サービスは形がなく，手に取って品質を確認することができない。そのため，目に見える形で「製品の品質を示す手がかり」を顧客に提供する。この手がかりを「Physical Evidence」とよんでいる。

⑥ Process（プロセス）

サービスは，生産と消費が同時に行われることが多い。そのため，提供開始から終了までの過程が重視されている。このプロセスをいかに管理するかが，サービス・マーケティングにおける重要な課題の1つである。

⑦ People（人々）

サービスの生産や提供には「人」が大きくかかわり，その関わり方がサービスの成否を決めることがある。サービスは「人（サービス提供者）」が提供するものであり，「人（顧客）」の協力や参加が必要である。また，周囲の顧客がサービス提供の場を台無しにすることもある。このような「人」の重要性を示したのが，People（人々）である。

サービス・マーケティングの7Pはマーケティングの4Pを拡張したものであるが，7Pへと拡張することによって「顧客」，「サービス提供者（従業員）」，に新たな課題が生じることとなった。

2. サービスと顧客

(1) サービス企業と顧客

　サービスを提供する企業は，モノとサービスの違いからモノのマーケティングには存在しない多くの課題を抱えている。本節では，サービス・マーケティング研究で対象とされてきた「顧客」に焦点を当て，「顧客の獲得」，「顧客のサービス生産への参加」，「顧客満足」について取り上げる。

(2) 顧客の獲得

　サービス企業がプロモーションにおいて重視していることの1つが，新規顧客の獲得である。サービスの特性である「無形性」および「生産と消費の同時性」から，サービスは顧客が消費前に確認をすることができない。そこで，サービス企業は，「トライアル」という形でサービス製品の試用を行っている。無料もしくは安価でサービスを体験することによって，顧客はサービスの内容を知り購買するか否かを決めることができる。Nelson の消費財の区分[7]に基づくと，サービスは経験財としての特性を持っているため，一度体験することによってその内容や品質を理解することができるフィットネス・ジムのようなサービスは，トライアルによる顧客獲得が有効である。一方で，経験をすることによってもその内容や品質を理解することができないサービスは，信頼財とよばれる。たとえば，医療サービスや弁護士などのサービスは，口コミや肩書・資格等を手がかりとして顧客がサービス提供者を信頼することが求められる。これらのサービスは，トライアルが難しいため，サービス提供者側からフィジカル・エビデンスを提供することで顧客獲得の手段とすることが多い。

(3) 顧客のサービス生産への参加

　サービス・マーケティングの 7P の 1 つである People でも取り上げたが，人を対象としたサービスの場合，顧客はサービス生産への積極的な参加が求められる。美容院や医療サービスは，顧客の協力なくしてはサービス提供が不可能である。これらのサービスは，顧客とサービス提供者の協働が重視されるサービスと言えよう。一方で，顧客にサービス生産の一部を委託する手法も存在する。銀行やビュッフェ・レストランのように，提供すべきサービスを標準化することで顧客がその生産を担うといった形も見られる。このようなサービス生産の方式は，セルフ・サービスとよばれ ATM やビュッフェ台のような機械やサービス提供プロセスを，企業側が提供することによって成り立っている。

(4) サービスにおける顧客満足

　サービスにおける顧客満足（CS : Customer Satisfaction）は，サービスに対する期待と実際のパフォーマンスの差異によって知覚される。

　サービスにおける顧客満足の期待は，広告・プロモーションによって操作可能であると言われているが，パンフレットやホームページにおいて顧客に期待を抱かせすぎると，実際のパフォーマンスとの差を知覚し不満足に陥る可能性が高い。また，サービスの利用経験が増えるにつれて，リピーターは当該サービスに対して「この程度だろう」という予測的期待を抱くようになり，期待と満足の差は収束する傾向にある。このような既存顧客（リピーター）に対するマーケティングを怠ると，顧客は他社のサービスへのスイッチングを行う可能性が高い。つまり，新規顧客の獲得に加え，既存顧客の顧客満足をいかに高めるかということが，サービス企業にとって大きな課題だと言える。

3. サービスとサービス提供者

(1) サービス企業とサービス・トライアングル

　サービス企業は，2種類の顧客を抱えていると言われている。その顧客とは，サービスを販売する最終顧客と，企業が内部で抱えるサービス従業者（従業員）である。ここではサービス企業におけるサービス・トライアングルの概念を説明したうえで，本節が対象とする「サービス提供者（従業員）の役割」と「従業員満足」について考えていきたい。

　サービス・トライアングルとは，サービス企業・顧客・従業員の関係性を示したものであり，企業と顧客の関係性を「エクスターナル・マーケティング」，従業員と顧客との関係性を「インタラクティブ・マーケティング」，企業と従業員との関係性を「インターナル・マーケティング」とよんでいる。

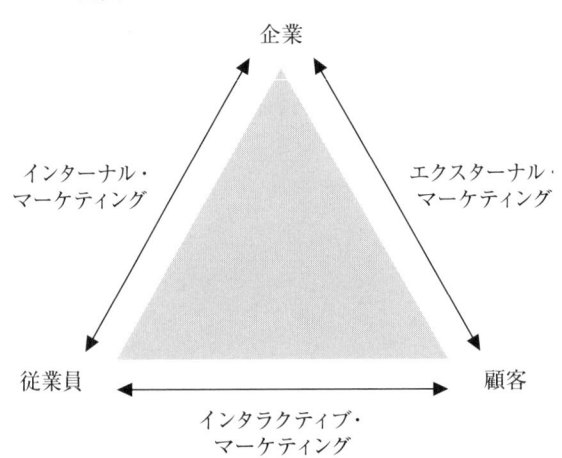

図表 13-2　サービス・トライアングル[8]

```
                    企業
                   /    \
     インターナル・      エクスターナル・
     マーケティング      マーケティング
                 /        \
              従業員ーーーーーー顧客
                 インタラクティブ・
                   マーケティング
```

（2） サービス提供者（従業員）の役割

　北欧学派の Normann が述べているように，「真実の瞬間」は従業員と顧客との接点（サービス・エンカウンター）を表したものであり，この接点がサービス企業の評価につながるとされている。サービス・デリバリー・プロセスを実際に作り上げるのは，従業員の技能・モチベーション・何らかの道具と顧客の期待・行動であるとされている[9]。本節では，サービス提供者の役割と技能について言及する。

　サービス提供者は，顧客に対して「企業の顔」であることを求められている。東京ディズニーリゾートの従業員の約 8 割は，アルバイトであると言われている。アルバイトでありながら彼らは「キャスト」とよばれ，ディズニーリゾートを代表するサービス提供者として振る舞うよう教育されている。つまり，彼らが「ディズニーの顔」となるのは，東京ディズニーリゾートによる徹底した従業員教育で技能を身に付け，その一員として働くことに誇りを持っているからであろう。

（3） サービス提供者の技能とサービス・デリバリー・システム

　サービス提供者が企業の顔として機能するためには，適切な従業員教育に加え，バックオフィスの従業員によるバックアップ体制が必要である。サービス企業は，サービス提供者の技能を磨くために優れた訓練プログラムを提供する必要がある。また，そのプログラムの開発や教育担当者のみならず，日常業務をバックオフィスで支える（顧客と接触しない）従業員が適切なバックアップを行うことが求められる。具体的に述べると，レストランやウェディングなどでは，顧客に料理を提供するサービス提供者とそれを支える人々によって構成されている。サービス提供者のみならず，シェフやそれを支える人々が一体となって，適切なタイミングで料理を提供しなければならない。このようなサービスでは，フロントオフィス（サービス提供者）とバックオフィスとの連携が必要であり，両者が一体となったサービス・デリバリー・システムの構築が必

須である。

(4) 従業員満足

　サービス提供者がより高い品質でサービスを提供するには,従業員満足 (ES: Employee Satisfaction) を高めることが重要であるとされている。従業員満足が高いサービス提供者は,仕事に対するモチベーションが高まり,その企業を理解し支える人材となる。このようなサービス提供者の離職を防ぐためには,サービス提供者に対する報奨制度を設けるか,サービスをよりよいものにするため,あるいはサービス提供の失敗に対してリカバリー可能な権限を与える必要がある。たとえば,レストランや航空サービスでは,サービス提供者が独自の判断で顧客の記念日を祝うための予算を保持している。彼らが自分の権限や予算で顧客に特別な演出を行うことで,結果として,顧客とのサービス・エンカウンターが顧客満足・従業員満足,双方につながるのである。

4. サービス・マネジメント・システム

　本節ではこれまでに述べたサービスにまつわる課題とその関係性をNormannが示した「サービス・マネジメント・システム」を用いて整理する。
　前節までに紹介したのは,モノとサービスの違い（製品としてのサービス）,顧客,従業員にまつわるマーケティング課題であった。これらを包含した1つのシステムとして捉えると図表13-3になる。
　サービス・マネジメント・システムは,5つの構成要素から成っている。このシステムと従来のマーケティング,サービス・マーケティングの7Pを組み合わせることでさらなる理解を深めたい。第一に,どのような顧客にサービスを提供するかという「マーケット・セグメント」である。ここでいう「マーケット・セグメント」は,マーケティングでいうSTPを示している。

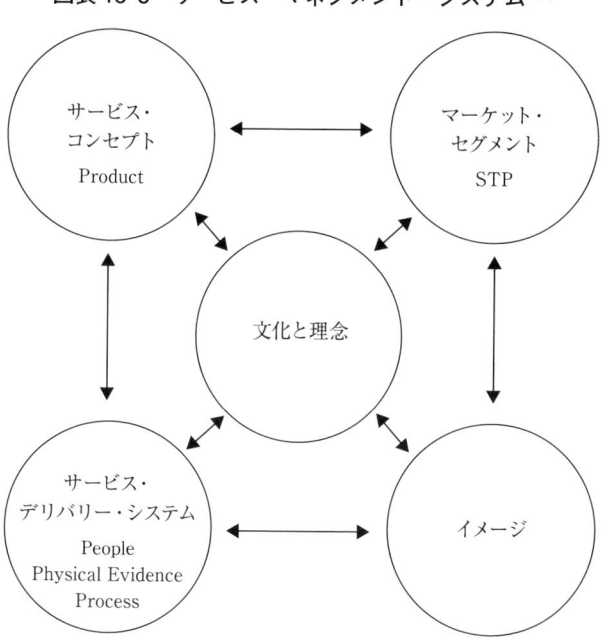

図表 13-3　サービス・マネジメント・システム[10]

```
         サービス・                    マーケット・
         コンセプト       ←→          セグメント
          Product                      STP

                      文化と理念

       サービス・
       デリバリー・システム   ←→        イメージ
         People
      Physical Evidence
         Process
```

　第二に, 顧客にどのようなサービス (ベネフィット) を提供するかという「サービス・コンセプト」である。ここでいう「サービス・コンセプト」は, サービス・マーケティングの7Pにおける「Product」を表している。

　第三に, 「人材」, 「顧客」, 「技術と物的要素」から構成される「サービス・デリバリー・システム」である。先に挙げたサービス提供者やバックオフィスの従業員を示す「人材」や「顧客」のみならず, それらを支える施設やITCなどの情報技術によって, サービス・デリバリー・システムが構成されていることを示している。たとえば, チケットレスで搭乗可能な国内線からわかるように, 航空サービスはサービス提供者・バックオフィスの従業員・航空機といった物的要素, 予約システムなどのITCから構成されている。ここでいう「サービス・デリバリー・システム」は, サービス・マーケティングの7Pにおける「People」「Physical Evidence」「Process」に「技術」が加えられたものと考えるとよい。

第四に，経営陣がサービス提供者や他の従業員，顧客，他のステーク・ホルダーに与える「イメージ」が挙げられる。具体的には，企業が提供するサービスや顧客に対するイメージをステーク・ホルダーで共有することが求められる。

第五に，「組織文化と理念」が挙げられる。組織文化と理念が明確であると，従業員が目指すべき方向性，対象とすべき顧客，必要とされるサービス・デリバリー・システムに一体感が生まれ，先に挙げた四要素を統制することが可能になる。

Normanが述べているように，サービス・デリバリー・システムとサービス・コンセプトを形成した後に，企業が拠って立つ価値観が明確であることこそ，サービス企業が長期的に存続するための最も重要な要素であると言える。

【課題レポート】
① サービスの「生産と消費の同時性」について説明したうえで，生産と消費が分けられるサービスの事例を1つ挙げなさい。
② インターナル・マーケティングが成功している企業を2つ挙げ，その内容となぜ成功していると言えるのか，あなたの意見を述べなさい。

【復習問題】
① サービス財とはどのようなものか説明しなさい。
② サービス・マーケティングにおける7Pを説明しなさい。

<注>
1) Levitt〔1981〕p.94.
2) Shostack〔1977〕によると，「塩」が最も有形性の高い財で「ティーチング」が最も無形性の高い財だとされている。
3) Zeithaml, Parasuraman, Berry〔1985〕p.35.
4) たとえば，Zeithaml〔1981〕は，属性とその評価の容易性によって，経験属性の高いサービスと信用属性の高いサービスに分けている。
5) Lovelock〔1983〕p.12,15.
6) Booms and Bitner〔1981〕.
7) Nelson〔1970〕, Nelson〔1974〕.
8) Kotler〔2001〕p.537に基づいて作成。
9) Norman〔2001〕p.21.

10) Norman〔2001〕p.58 に基づいて作成。

＜参考文献＞

浅井慶三郎〔2003〕『サービスとマーケティング―パートナーシップマーケティングへの展望（増補版）』同文舘出版。

近藤隆雄〔2007〕『サービス・マネジメント入門［第3版］―ものづくりから価値づくりの視点へ』生産性出版。

近藤隆雄〔2010〕『サービス・マーケティング［第2版］―サービス商品の開発と顧客価値の創造』生産性出版。

髙橋郁夫〔2007〕「「サービスの失敗」とその後の消費者意思決定プロセス」『三田商学研究』（慶應義塾大学）第50巻2号,pp.19-33。

山本昭二〔2007〕『サービスマーケティング入門』日本経済新聞社。

Booms, B. H. and M. J. Bittner〔1981〕"Marketing Strategies and Organization Structures for Service Firms" in Donnelly, J. H. and W. R. George, *Marketing of Services*, Chicago American Marketing Association.

Grönroos, C.〔2007〕*Service Management and Marketing: Customer Management in Service Competition 3rd Edition,* John Wiley&Sons（近藤宏一監訳・蒲生智哉訳〔2013〕『北欧型サービス志向のマネジメント―競争を生き抜くマーケティングの新潮流』ミネルヴァ書房。）

Kotler, P.〔2001〕*Marketing Management Millennium Edition,* Prentice Hall.（恩藏直人監修・月谷真紀訳〔2001〕『コトラーのマーケティング・マネジメント』ピアソン・エデュケーション。）

Kotler, P., T. Hayes and P. N. Bloom.〔2002〕*Marketing Professional Services Second Edition,* Learning Network Direct.（白井義男監修・平林祥訳〔2002〕『コトラーのプロフェッショナル・サービス・マーケティング』ピアソン・エデュケーション。）

Levitt, T.〔1981〕"Marketing Intangible Products and Product Intangibles," *Harvard Business Review,* May/Jun81, Vol. 59-3, pp94-102.

Lovelock, C.〔1983〕"Classifying Services to Gain Strategic Marketing Insights," *Journal of Marketing,* Vol.47-3〔Summer〕, pp.9-20.

Lovelock, C. and J. Wirtz〔2007〕*Services Marketing: People, Technology, Strategy 6th Edition,* Prentice Hall（白井義男監修・武田玲子訳〔2008〕『ラブロック＆ウィルツのサービス・マーケティング』ピアソン・エデュケーション。）

Nelson, P.〔1970〕"Information and Consumer Behavior," *Journal of Political Economy,* Vol. 78-2〔March-April〕, pp.311-329.

Nelson, P.〔1974〕"Advertising as Information," *Journal of Political Economy,* Vol. 82-4〔July-August〕, pp. 729-754.

Normann, R.〔2001〕*Management: Strategy and Leadership in Service Business 3rd Edition,* John Wiley & Sons.

Shostack, G. L.〔1977〕"Breaking Free From Product Marketing," *Journal of Marketing,* Vol.41-2,〔April〕, pp.73-80.

Zeithaml, V. A.〔1981〕"How Consumer Evaluation Processes Differ between Goods and Services" in Donnelly, J. H. and W. R. George, *Marketing of Services,* Chicago

American Marketing Association.

Zeithaml, V. A., A. Parasuraman and L. L. Berry [1985] "Problems and Strategies in Services Marketing," *Journal of Marketing*, Vol.49-2 [Spring], pp. 33-46,

第14章

ダイレクト・マーケティング入門

■ 本章のねらい

　ダイレクト・マーケティング（ダイレクト・レスポンス・マーケティング）は，近年において見直されているマーケティング手法である。ダイレクト・マーケティングでは，広告などを介して消費者とコミュニケーションを図ることで販売促進を図るマーケティング手法であり，直接販売を目的とするのではなく，レスポンス（反応）をフィードバックできる仕組みの構築を目指したマーケティング手法になる。

　したがって数量を重視するものの，ダイレクト・マーケティングのねらいは，それ以上に自社や自社の提供する商品やサービスに対して興味を有する顧客にターゲットを絞りこむことで，ワン・ツー・ワンのコミュニケーションを展開することにある。これにより，顧客の求める情報を得て，適切な情報や商品やサービスを提供することにより，高い評価を得ることを目指す。言い換えれば，顧客の求める商品やサービスを提供することで，顧客の差異購買を誘引することを目指すということである。そのために，常に標的となる上得意顧客と直接コミュニケーションすることである。ダイレクト・マーケティングはこれらの取組みにより，企業の目指す成果を得ていこうとする，統合的なマーケティング手法として用いられている。

　そこで，本章ではダイレクト・マーケティングに関して，具体的にどのようなものなのかを解説する。

■ キーワード

ダイレクト・マーケティング，データベース・マーケティング，インターネット・マーケティング，CRM（顧客関係管理），ワン・ツー・ワン・マーケティング，マイレージ・サービスプログラム，フリークエント・ショッパーズ・プログラム

1. ダイレクト・マーケティングとは

(1) ダイレクト・マーケティングの発生

　ダイレクト・マーケティング（Direct Marketing）とは，1961年にレスター・ワンダーマンが，科学的な広告原理に基づき，効率的な販売方法として提唱したものである。標的となる消費者として選択した個人あるいは法人からの直接的な反応を獲得し，関係性を構築しようとするマーケティング展開方法[1]である。その意味では，マーケティングのデジタル化，データ化による可視化を可能とした情報テクノロジーの進化を前提としたものが，デジタル・マーケティングであり，マーケティングの発想と技術を革新させたものである[2]。これらの概念は，従来の広告の目的である情報を伝えることに比較して，レスポンス（反応）（ダイレクト・レスポンス・マーケティング）を把握することに主眼[3]を置いたものである。

　以上の認識もあり，ダイレクト・マーケティングは，イメージ広告による訴求を主体としたものと比較すると，セールス色が強いと言われている。そこで，通信販売業界，金融業界，ICT業界，自動車業界など，従来から顧客の反応に力点を置いた業界において必要[4]とされる視点である。

　なお，概念的に確認すると，ダイレクト・マーケティングを，ダイレクトメールと混同したり，あるいは通信販売と同一であるととらえることもあるが，それらは正しいとは言い難い。実際には初回購入獲得のためにテレビや新聞などのマスメディアも多く用いられており，さらには，通信販売ではないダイレクト・マーケティングも多数存在[5]している。基本的に活用するメディアはダイレクトメールとインターネットであるものの，顧客獲得にあたっての初期の段階ではマスメディアの活用もあり，テレビ，新聞，雑誌，折り込み広告などの活用もある。

また，ダイレクト・マーケティングにおいては，顧客獲得の手段としての広告関係予算を，経費として考えることは無く，投資と回収の関係でとらえることになっている。またダイレクト・マーケティングはデータベース・マーケティング，インターネット・マーケティング，CRM（顧客関係管理），ワン・ツー・ワン・マーケティングなど，今日のマーケティングで重要視されるもののベース[6]となっている。たとえばインターネット・マーケティングで用いられる用語や概念は，ダイレクト・マーケティングの概念から派生[7]したものである。

(2) ダイレクト・マーケティングの本質と企業経営における意味

① ダイレクト・マーケティングの源流は「御用聞き」

レスター・ワンダーマンが提唱したダイレクト・マーケティングの考えの源流には，「マス・マーケティングで失われた個人と個人の双方向の取引の回復」がある。ここで目指しているのは，日本の酒販店などにあった「御用聞き」のような受注方法であると考えると，より理解し易い。ここで，御用聞きの機能を確認すると，酒販店などの小売業の販売員が，定期的に得意先（家庭）を訪問して必要な品物を聞いて回り，（場合によっては気を利かせることで予測して）商品を届けるものであり，今日で言う宅配サービスである。

販売員による「御用聞き」は，得意先の家族構成や好みまでを把握することになり，まさに「CRM（カスタマー・リレーションシップ・マネジメント）」を実践しているものと考えられる。ここで考えるべきことは，「御用聞き」による主婦との会話を想定すると，販売員による御用聞きは，消費者にとっては買い物の手間を省く利便性を提供することで，顧客の囲い込みを図ることを目的としている。御用聞きでの訪問時の会話は，顧客の状況を正確に把握するものであり，販売員にとっては情報源になっている一方で，主婦にとっても会話を楽しむ場になっていたと考えられる。その意味では，信頼できる「御用聞き」は優秀なセールスマンでもあると共に，データ収集機能も果たしていた。

御用聞き時の販売員による会話を通じた情報収集方策は，今日の情報化社会においては，人的手段に依存することなく可能になっている。言い換えれば，

デジタルな会話の比率が高まっている。

② **情報化時代におけるダイレクト・マーケティング手段の変化**

情報化時代における，情報収集手段としてのデジタルな会話とは，消費者と企業（マーケター）の間だけに発生するものではなくなっている。言い換えれば，企業側と消費者側間に限定されることではなく，消費者間でも発生しており，十分な留意が必要になる。

その背景には，インターネットの普及があり，昨今では人と人のつながりを促進・サポートする双方向型コミュニティ型のウェブ・サイトであるソーシャル・ネットワーキング・サイト（SNS: Social Networking Site）の普及があるので，その実態を確認する。

博報堂の調査[8]（図表14-1, 14-2を参照）によると，外出先での買い物時にスマートフォンを使って店頭の商品・サービスを調べる人は67％にのぼり，ソーシャルメディア上でのクチコミを見る人が57％，ソーシャルメディア以外のサイトでユーザー評価を見る人が50％いる調査結果になった。対象としては，家電・AV，パソコン・周辺機器，食品・飲料などが特に検索される傾向にある。この中で，最低価格を調べる人は44％，クーポンを探す人は39％，買い物時にスマートフォンを利用することで満足度が高まるとの回答は，46％という結果となっている。

SNSにおいては，仲間が会話の結果として価値ある情報の提供をしてくれるし，比較サイトも同様に商品情報に関してユーザー視点で情報を提供してくれる。オンライン上では，企業の提供する広告の評価が高くないのが実情であることを考えると，価値あるマーケティング・メッセージは，広告という形態を取らない選択肢が有効であると考える必要が高くなっている。

言い換えれば，情報化時代においてはダイレクト・マーケティングにおける，顧客との関係性構築手段の多様化を理解した対応が求められることを確認する必要がある。

図表 14-1　外出先で，店頭の商品・サービスについてスマートホンで調べる割合

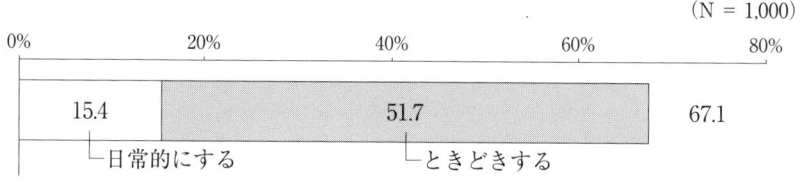

(N = 1,000)

| 15.4 | 51.7 | 67.1 |

└日常的にする　└ときどきする

出所：博報堂 DY グループ〔2012〕。

図表 14-2　外出先で，店頭の商品・サービスの購入時等スマートホンで調べる内容と割合

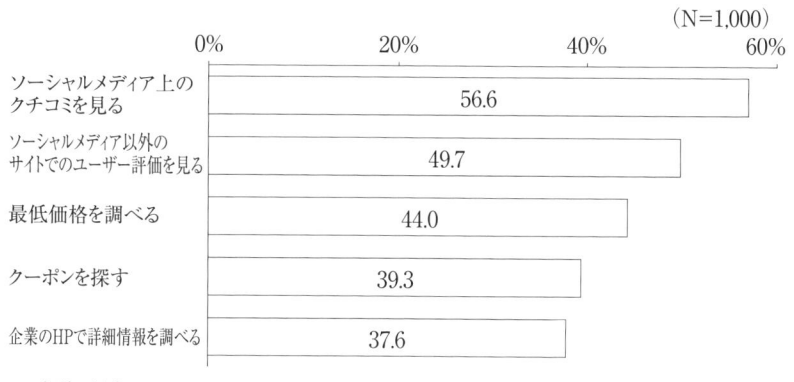

(N=1,000)

- ソーシャルメディア上のクチコミを見る　56.6
- ソーシャルメディア以外のサイトでのユーザー評価を見る　49.7
- 最低価格を調べる　44.0
- クーポンを探す　39.3
- 企業のHPで詳細情報を調べる　37.6

出所：図表 14-1 に同じ。

(3)　ダイレクト・マーケティングの捉え方

　ダイレクト・マーケティングの基本的な手段としてのメディアは，ダイレクトメールとインターネットであるものの，初期段階の顧客獲得には，マスメディアを活用することになる。具体的には，テレビ，新聞，雑誌や折り込み広告などを活用する。ダイレクト・マーケティングは，データベース・マーケティング，インターネット・マーケティング，CRM（顧客関係管理：Customer Relationship Managemant），ワン・ツー・ワン・マーケティングなどの今日のマーケティングで重視されるものの基礎[9]になっている。

　ダイレクト・マーケティングをダイレクトメールや，通信販売のこと，ある

いはマスマーケティングの対極にあると認識されることも多いものの，既述したようにマスメディアを活用したブランド形成も重要な要件になっている。なお，マスマーケティングの立場からすると，どうしてもメディア・チャネル別の捉え方をすることが多いようだが，メディアもチャネルもダイレクト・マーケティングを構成する一要素に過ぎない[10]。

しかし，ここで重要な点は顧客との関係性の構築とその維持にある。ダイレクト・マーケティングの範疇は広範であり，目的・プログラム別，メディア・チャネル別，類似概念・派生概念別の方法で捉えることが出来るものの，ここでは，目的プログラム別にポイントを確認する。

2. 代表的ダイレクト・マーケティング

ダイレクト・マーケティングは多様な方法があるものの，代表的プログラムとして，マイレージ・サービス・プログラムとフリークエント・ショッパーズ・プログラムがあるので，それらを例示しながら説明する。

(1) マイレージ・サービス・プログラム

マイレージ・サービス（略称：FFP：Frequent Flyer Program）は，航空会社が行う顧客へのポイント・サービスのことである。マーケティングにおいては元々の呼称と同様にFFP（優良搭乗者プログラム）とよばれ，顧客管理の一手法に分類される。このプログラムは，「2割の固定客が8割の利益を与える」というパレートの法則を前提に，2割の固定客をマイレージ・サービスにより自社に囲い込もうという戦略である。そのため，マイレージ・サービスは，航空会社の上得意客へのサービスと密接に関係があることが一般的である。

① マイレージ・サービスの概要

　主なマイレージ・サービスは，航空会社のマイレージサービスに会員登録（通常，入会は無料）することで付与された会員カードで，飛行機に搭乗した場合に搭乗距離に対応したポイント（一般的には，マイル（海里（1,852 m））を付加するものである。なお，航空券の発券時の座席クラスや適用運賃に対応して，加算マイル数の増減がある。搭乗時にカードを提示しなかった場合でも，搭乗確認できる書類（搭乗券の半券など）を提示することでも，事後登録が可能になる。実際の搭乗が確認できると，飛行距離に対応したマイルを付与するのが基本的な仕組みである。

　最近では航空連合（エアライン・アライアンス）の加盟航空会社を利用した際に，一定率のポイントが加算されるようになっている。また，提携航空会社のマイレージ・サービスと提携するホテル，レンタカー会社，小売業や飲食店などを利用した場合にも，利用金額対応してマイルが加算されるなどのサービスも一般的になっている。

　マイレージ・サービスにおいて，一般的なポイント・サービスの場合と同様にポイントが累積されるが，通常そのポイントのことをマイレージ・サービス（FFP）では「マイル」とよんでいる。会員登録をしておくことで，航空券購入・搭乗の都度，住所・氏名等を登録する手間が省けるので，ポイントを貯めるつもりがなくても搭乗手続きが簡略化され利便性が高まる。

　付加されたマイルに対応して無料や割引の航空券，座席のグレードアップなどをサービスとして提供されるものである。なお，一年間の搭乗距離数や搭乗回数が一定以上の顧客に対しては，次年度に会員クラスのアップグレード化（上級会員）として様々な優遇策（例：ボーナスマイルの加算，空席待ち／チェックイン／搭乗／手荷物引渡などの優先対応，手荷物重量の優遇対応，座席の無料アップグレードや空港ラウンジの利用など）が提供されることで，顧客の囲い込みを目指している。

　航空業界においては，顧客の利用実績や座席グレード（エコノミークラスやビジネス蔵菜など支払い料金の差異）等により，提供サービスに明確な格差を示してきた業界であり，マイレージ会員の取得マイル数は会員の「忠誠度」あ

るいは「上得意客か否か」を判断するための的確な指標として活用されている。そのため，マイレージ・プログラムはほぼ，会員のグレードを前年度の搭乗実績や生涯の搭乗マイル数などで「一般」，「プレミア」などに区別しており，グレードの高い会員ほど，より高い価値の有形無形のサービスの提供を受けることを可能にしている。

　言い方を換えれば，利用すればするほど（搭乗すればするほど），お得になるプログラムを考え，顧客の継続購買を促進していることである。

②　マイレージ・サービスの歴史
1）マイレージ・サービスの導入と普及

　世界で初めてマイレージ・サービス提供をしたのは，1981年5月からのアメリカン航空が始めた「AAdvantage」（アドバンテージ・プログラム）である。同社が本サービスに取り組んだ背景には，1970年代の航空自由化政策（ディレギュレーション）により，低迷した業績の改善策として顧客囲い込みサービスである「アドバンテージ・プログラム」を開始したことに始まっている。

　同社の取組みが，単年度で約100万人の会員を獲得すると言う結果を収めたことによって，米国の航空会社が競ってマイレージ・サービスの導入を開始したことで，このサービスは広まり定着した。

　その後，1990年代には各航空会社間のマイレージ・サービス内容の競争が激化することで，各社のコスト削減策の展開が必要になった。その中で，欧米，アジア圏の航空会社とのアライアンス（航空会社間の連合化）の締結や，提携を進展させたことを契機に，提携航空企業間で相互にポイントを交換する仕組みを構築した。それら取組みを契機に，コードシェア便（運航機材の共用化）等の取組みも進展しており，顧客の提携航空会社での囲い込み化が，より現実化することになっている。

2）わが国におけるマイレージ・サービスの取組み

　わが国におけるマイレージ・サービスの本格的導入は，1997年に航空大手3社（日本航空，全日空，日本エアシステム）が同時に導入した。この中でも，日本航空は国際路線を有していたこともあり，米国で「JALマイレージバン

ク USA」を発足（1983年）させており，その後1993年から北米地区で「JAL スカイプラス」，さらに1996年から日本地区で国際線へのマイル付与が開始されている。

現在のマイレージ・サービスとして，日本航空は JAL マイレージバンク（JMB），全日空は ANA マイレージクラブ（AMC）を提供しているが，新規航空会社においてもマイレージ・サービスの提供をしている。これは，低価格化を訴求している新規航空会社においても，先発航空企業とは異なるものの，マイレージ・サービスと類似のサービスにより顧客囲い込み策の展開をしていると認識できる。

(2) フリークエント・ショッパーズ・プログラム

フリークエント・ショッパーズ・プログラム（略称：FSP:Frequent Shoppers Program）は，「優良顧客に照準を定めた販売促進策の展開や優待サービスの提供プログラム」という意味になる。購入金額などにより顧客を階層化し，利益貢献度に応じて提供する特典を変える販促手法であり，上位の顧客になるにつれて，より手厚いサービスを提供することで，顧客としての継続的利用を促進し離反を防ぐことを目指すものである。

具体的には，小売店舗に来店する顧客の購買情報を収集・蓄積し，それら蓄積情報を分析することで，顧客の中でも上得意顧客を見極めることを前提に，それら顧客の評価する品揃えや販売促進策を展開することで，顧客と小売店舗間の信頼関係を高めることを目的とした取組みをいう。したがって FSP データとは，「お客様の購買情報」を指す場合が一般的である。

① フリークエント・ショッパーズ・プログラムの概要

フリークエント・ショッパーズ・プログラムは，顧客カード（ポイントカードやサービス提供カードなど）を発行することが第一段階である。次いで，顧客1人ひとりの購買データを収集・蓄積することで，顧客を購入金額や来店頻度によってセグメントすることである。その上で，セグメント別に提供サービ

スや特典を変えることにより，個々の顧客に最も適したサービスを提供し，かつ効率的な販売戦略を展開することで，優良顧客の維持・拡大を図るマーケティング手法である。カードを発行することによって顧客の基礎情報を取得し，購買する度に履歴をデータベースに蓄積することもあり，顧客データベース・マーケティングを行う上で基本になっている。

　小売業界においては，顧客を購入金額で分類すると，上位3割の顧客で全売り上げの7割を稼ぐと言われているものの，従来の小売業は顧客をセグメントすることには取組まず，基本的に平等に対応してきた。しかしながら，上位顧客ほど小売業の利益に貢献する上に，小売業に対するロイヤルティも高いということも確認されているし，既存顧客を維持するコストに比して，新規顧客を獲得するコストは数倍を擁するとの指摘もある。言い換えれば，企業の収益（利益）向上に貢献する優良顧客を識別し，その愛顧に対してより多く還元することである。それらを通して，既存優良顧客を維持しロイヤルティへと高めることで，優良顧客の維持や買上金額を高めるという，良循環の構築を狙いとして，企業の収益力の向上につなげることを目指すものである。

　さらに，既存店舗における対前年売上高比が100をクリアできなくなる中で，顧客に還元する原資は限定されざるを得ない状況にある。そのため，小売業に多くの利益をもたらす上得意顧客の固定客化を図ることで，上得意顧客である優良顧客に対して手厚いサービスを提供する小売業が増えてきている。

② 　フリークエント・ショッパーズ・プログラムの効果

　本プログラムを展開するには，来店顧客の中で誰が重要な顧客であるかを把握する必要がある。それには，顧客の識別が前提となるので，ポイントカードの発行時に，顧客の年齢や住所などの属性情報を得ることが必要になる。これら顧客情報を基に，顧客が来店した際にレジでポイントカードの提示を受けることで，購入商品と顧客属性を紐付けることになる。

　これら顧客購買実績情報を分析することで，購入金額や来店頻度で顧客をセグメントすることが可能になる。これによって，上得意顧客を主体に，再来店を目指すために様々な販売促進策の展開や優待策を提供できるようにする。

具体的には，購入金額の多い顧客にポイントの付与率を高くするなど，通常のポイントとは別にボーナスポイントを付与するといった特典を提供することで，自社の利益貢献度合の高い顧客ほど，手厚く還元できる仕組みを構築することである。さらに，ポイントカードの購買履歴から上得意顧客がどのような嗜好性を有するかを推測することも可能になる。上得意顧客層を主体に購買実績などを分析し，上得意顧客が何を望んで来店しているのかを理解することで，嗜好に対応した品揃えなどを実現化し，他店への流出を最小限化することが可能になる。

フリークエント・ショッパーズ・プログラムは，近年では「ID-POS データ」とよばれることが一般的になりつつある。

【課題レポート】
① ダイレクト・マーケティング展開企業を選択し，その企業の顧客情報の収集方法と，顧客セグメントおよびセグメントごとの対応策に関して整理しなさい。

【復習問題】
① 利用している小売業のフリークエント・ショッパーズ・プログラムの会員になり，あなたがより利用頻度を高めたくなるサービスを出来るだけ多く考えなさい。

<注>
1) コトラー〔2003〕p.605 参照。
2) 中澤〔2005〕p.23 参照。
3) 落藤〔2010〕。
4) コトラー〔2003〕p.605 参照。
5) コトラー〔2003〕p.605 参照。
6) 中澤〔2005〕参照。
7) ハンソン(訳書)〔2001〕参照。
8) 博報堂 DY グループ〔2012〕。
9) ハンソン(訳書)〔2001〕を参照のこと。
10) 中澤〔2005〕を参照のこと。

<参考文献>

落藤隆夫〔2010〕「レスターの予言とこれからのマーケティング」Wunderman's view No.85〈http://www.wunderman-d.com/column/2010/03/post_6.html〉電通。

コトラー, P. & G. アームストロング（和田充夫監訳）〔2003〕『マーケティング原理（第9版）』ダイヤモンド社。

中澤　功〔2005〕『体系ダイレクトマーケティング』ダイヤモンド社。

博報堂DYグループスマートデバイス・ビジネスセンター〔2012〕『「全国スマートフォン・ユーザー1000人調査」第3回・分析結果報告』10月29日。

ハンソン, ワード（上原征彦・長谷川真実訳）〔2001〕『インターネット・マーケティング原理と戦略』日本経済新聞社。

ルディー和子〔1987〕『ダイレクト・マーケティングの実際』日本経済新聞社。

第15章

これからのマーケティング

本章のねらい

　グローバル化が進む中，ブログ，ツイッター，ユーチューブ，フェイスブック，ウィキペディアなどのソーシャル・メディアが台頭している。この大きな変化の中で，消費者も企業も変化してきている。消費者の1つの変化傾向は，ふだんの買物で社会的にいい商品やいい企業を選ぶというエシカル消費が台頭してきていることである。また，社会貢献活動を継続的に行う企業が多くなってきている。

　このような変化を踏まえながら，今後のマーケティングを考える場合にコトラーなどの著作である『マーケティング3.0』を検討するのが効果的である。

　そのため，この章では，最近の消費者や企業の変化を踏まえつつ，『マーケティング3.0』の内容を紹介しながら，これからのマーケティングについて考察する。

キーワード

エシカル消費，フェアトレード，コーズ・リレーテッド・マーケティング，企業の社会的責任，マーケティング3.0，協働マーケティング，文化マーケティング，スピリチュアル・マーケティング，価値のマーケティング

1. エシカル消費と企業の社会貢献

(1) 増加する企業の社会貢献活動

　企業の社会貢献活動が非常に多くなってきている。それも単なる寄付行為のようなものではなく，社会貢献とビジネスの両立を意図した活動が多くなってきている。
　たとえば，2008～2009年の間だけで次のような事例がある[1]。
▶スリーエフの「タジン風トマトソースドリア」
　　この460円の弁当を購入すると代金の3％がアフリカの子供たちの学校給食費に充てられる（2009年4月）。
▶帯に鳩のマークがはいった本
　　「Chabo！(チャリティー・ブック・プログラム)」という名前のキャンペーン。この本を購入すると著者が受け取る印税の2割がアフガニスタンやイランといった紛争地帯の学校建築費などに充てられる。対象の本は2009年4月現在約40冊で，2008年末の寄付金合計は1,700万円。
▶フェアトレード商品の販売
　　フェアトレードとは，発展途上国の生産者から適正な価格（相対的に高価格で購入する）で製品や原料を購入することによって貧困からの脱却に貢献するものである。2009年，無印良品ではフェアトレードのカーネーションを母の日のプレゼント用として発売。伊勢丹本店ではフェアトレードのジャムを発売。このフェアトレード商品を販売する店舗は現在も増加中。イオンは，PBの板チョコをフェアトレードの原料で製造販売している。
▶P&Gのキャンペーン
　　紙おむつ「パンパース」を1パック購入すると破傷風ワクチン1本分を日本ユニセフ協会に寄付するキャンペーンを2009年2～3月に実施した。

▶ダノンウォーターズオブジャパン

　ミネラルウォーター「ボルヴィック」の売り上げの一部を，アフリカの水支援のためにユニセフに寄付。初回の07年度は期間中売上高が前年同期比31％増。08年は11％増。09年も6～9月に実施。

▶アサヒビール

　缶ビールの「スーパードライ」1本に付き1円を47都道府県の地域貢献活動に寄付。08年3～6月と12月に四国で実施。09年度は全国に広げて春秋の2回実施。09年春は1億5,000万円の想定に対して2億2,000万円を寄付。

▶ハンティングワールドジャパン

　ボルネオ保全活動支援のためチャリティー商品の売上金の1％を寄付。08年2月の第一弾では14,700円のチャリティーバッグ1,000個が10日で完売。第三弾の商品では，バッグとTシャツ各3種類を展開。

▶クロスカンパニー

　「ボルヴィック」との協賛企画。チャリティーTシャツ1点につき300円，バッグ同100円をユニセフに寄付。ほかに，砂漠に植樹する活動や世界自然保護基金（WWF）にも寄付。

▶ライオン

　08年4～6月，洗濯用洗剤「トップ」の売上金の一部約1,220万円を日本河川協会の「きれいな川と暮らそう」基金に寄付。23団体の環境保護を支援。2回目の09年は6～8月にキャンペーン実施。

▶王子ネピア

　08年7～10月，「千のトイレプロジェクト」と題し，トイレットペーパーなどの売上金の一部をユニセフに寄付。東ティモールの家庭や学校のトイレ整備を支援。1,200軒，15校で整備。09年は9～12月に実施予定。

▶森永乳業

　09年6～12月，アイスクリーム「MOW」5商品の売上金の一部を世界自然保護基金（WWF）に寄付。容器裏面のシリアル番号を専用サイトで入力するとポイントがたまる。1ポイントコースに応募すると1ポイント

＝1円の寄付になる。
▶三洋電機
　「ボルヴィック」との協賛企画。09年6〜9月，新発売の洗濯乾燥機「AQ400」1台販売ごとに5,000リットルを支援。期間中の販売目標は2万台で寄付金は600万円の見通し。
▶アース製薬
　アースノーマットブランド25周年記念企画。2009年4〜8月に対象商品1個につき5円，上限1,000万円を日本赤十字社に寄付し，マラリア予防などを支援。7月上旬に達成。期間中売上高は前年同期比0.9％減。しかし，市場平均を4.7％上回る。

このような動向をコーズ・リレーテッド・マーケティング（企業が社会問題の解決といった大義をアピールし，それに共感する人を取り組むことで，売り上げの増加を目指すマーケティング）と名付けられたこともあった。コーズ（cause：大義）で売上増を狙っているという理解である。09年内閣府の調査によれば，人は「何か社会の役に立ちたいと思っている」（69.3％：3年前は61.1％：＋約8％）わけであるが[2]，何を具体的にしたらよいかわからないという人が多い。そんな時に，このような商品を購入することは，消費者にとってのわかりやすい社会貢献の1つになると考えられる。つまり，消費者の変化がそのような企業の活動の背景にあるわけである。

（2）エシカル消費

　このような消費者の変化の1つに「エシカル（ethical：倫理的，道徳的）」があると考えられる。このエシカルの中には，次のような概念が含まれている[3]。
▶エコロジー
▶貧困の解消
▶児童労働の解消
▶伝統や職人芸の再評価
▶コミュニティの再生

たとえば、『マーマーマガジン』という雑誌がある。「エシカル」を編集の柱にしている季刊ファッション誌である。これが売り上げを伸ばしている。20代, 30代の女性がターゲットである。

エシカル消費というのは，選挙，ボランティアに続く3番目の社会参加の道で，ふだんの買物で社会的にいいもの（企業）を選ぶことを意味しており，これは市民の責任だという考え方もある。

「社会貢献の第3世代」という表現もある。「ビジネスの視点」と「社会貢献はかっこいいという感覚」を持っているのが第3世代の特徴である。この第3世代が，「ソーシャルイノベーションのアイディアとネットワークを武器」として世界を変えていくかもしれない。「エコとロハスは，受動的だけどエシカルは積極的でいい」という雰囲気もあると言われている。

このようなエシカル消費の登場の中で，「消費は自己表現であり，心でするものだから」，「本当に自分に必要かどうかを見極めて買う人が増えている」，「商品が売れるということは，僕らが考えたことと，お客さんの気持ちが一致したということ」と述べている人がいる[4]。

「消費は自己表現であり，心でするものだから」という表現はとても奥の深い表現である。東日本大震災の後，「心でするから」「応援消費」が活発になったのであろうし，自己表現だから「エシカル消費」なのであろう。

消費は心でするものだとしたら，マーケティングは，消費者の心を理解して，心に訴えていかないといけないことになる。エシカルが消費者の心を表しているのであれば，企業はもっと環境や健康や貧困の解消などに取り組む必要がある。

（3） 企業の社会貢献の変貌

CSR（Corporate Social Responsibility：企業の社会的責任）が，改めて問われている。

「企業の社会的責任としての社会貢献は，これまでビジネスとは別の次元でとらえられがちでした。しかしいま，全く異なる風景が現れました。社会貢献

は事業の一部をなす，という認識の広がりです。社会貢献は持続成長に不可欠な投資なのだと。顧客の共感を得るだけでなく，国内外で市場を創造し，将来の顧客を育てる為に，CSR は重要な役割を果たします[5)]」と説明されている。

企業の正義とか社会貢献という話題が多くなってきている。自分たちの活動が社会貢献につながるという企業が増えている。働いている人の気持ちも，そのような活動に従事している方が，モラルは上がる。

日経ＭＪが，社会貢献活動の例として，次の 10 企業を上げている[6)]。

▶ヤマトホールディングス（以下，ヤマト）

　宅配便１個につき 10 円を東北被災地に寄付している（年間 130 億円を見込む）。

▶P&G

　東日本大震災の被災地で，無償で洗濯を請け負う活動を展開した。交流サイト「フェイスブック」の「いいね」ボタンが 50 回クリックされると同社が１回分の洗濯費用を負担した。

▶スターバックスコーヒージャパン

　使用するコーヒー豆を，2015 年を目標にフェアトレードによって購入する。

▶ダノンウォーターズオブジャパン

　ミネラルウォーター「ボルヴィック」１リットルの販売で，毎年，夏に清潔な水 10 リットルをアフリカに供給する「１リットル for 10 リットル」運動を展開している。

▶ネスレ日本

　東北地方への義援金 10 円を商品価格に組み込んだチェコ菓子「ネスレキットカット　ずんだ風味」を発売した。

▶日本コカ・コーラ

　発売しているミネラルウォーター「い・ろ・は・す」は国内最軽量のペットボトルを採用してゴミ削減に貢献。国内水を使うことによって輸送に使う CO_2 も減らしている。

▶ファーストリテイリング（以下，ファストリ）

　常時，着なくなったユニクロの全商品を回収。そのうち「まだ着られる服」（約9割）のうち，ニーズの高いものを難民キャンプに届け，「もう着られない服」（約1割）を燃料化している。

▶森永製菓

　「1チョコ for 1スマイル」活動として，ガーナなどカカオ原産地国の子供の教育支援，年に2回，森永チョコレート1箱につき，1円を寄付するキャンペーンも実施している。

▶イケア

　日本国内で，期間限定で，ぬいぐるみや絵本などを購入すると1商品につき1ユーロをユニセフとNGO「セーブ・ザ・チルドレン」の教育プログラムに寄付している。

▶ボーネルランド

　「屋内型遊び場」の施設を有料で運営。子供のための安全な遊び場の不足を補い，母親の育児支援につなげるのが狙い。売上高の2割を占めるまでになっている。

これらの10の事例のうち，消費者調査の結果は次の通りであった。

① 「知っている」

▶日本コカ・コーラ（38.7％），ファストリ（31.8％），ヤマト（30.7％）

② 「支持する」

▶ヤマト（72.0％），ファストリ（61.6％），日本コカ・コーラ（57.5％）

③ 「類似の商品よりも高くても購入する」

▶ヤマト（24.0％），ファストリ（17.8％），日本コカ・コーラ（17.4％）

このように各項目のベスト3を示すと上記のようになる。ヤマト，ファストリ，日本コカ・コーラの評価が高い。とくに，ヤマトとファストリの活動は消費者にとって，わかりやすい。ヤマトの方針を聞いたある機関投資家は「株主代表訴訟のリスクを考えているのか」と発言したが，2011年6月の株主総会で，ヤマトがこの方針を説明すると，会場から割れんばかりの拍手に包まれた。人々

の価値観は確実に変化してきている。

さらには,原材料調達さえも社会的責任を重視した方法に変化してきている。生態系保護を意識した原料調達が広がりを見せているのである。

2. マーケティング3.0[7]

(1) マーケティング3.0の3つのマーケティング

2010年に翻訳出版された『コトラーのマーケティング3.0』は,次世代のマーケティングに関する著述として知られている。

彼らによれば,マーケティング1.0は,製品中心の考え方で,マーケティング2.0は,消費者中心の考え方で,マーケティング3.0は,人間中心の考え方で,収益性と企業の社会的責任がうまく両立する段階であると説明している。その相違点は,図表15-1に整理されている。

したがって,現在のマーケティングは,マーケティング2.0でこれからのマーケティングは,マーケティング3.0であるとも解釈できる。現実的には,マーケティング2.0と3.0の中間地帯でマーケティングを行っている企業が多くなってきているのではないかと推定される。

マクロ経済環境の変化によって,消費者の行動が変化し,それによってマーケティングの考え方も変化すると考えられている。

マクロ経済環境の変化として,コトラー等は,①ニューウェーブの技術(ソーシャル・メディアの台頭:ブログ,ツイッター,ユーチューブ,フェイスブック,オンライン百科事典のウィキペディア,映画批評サイトのロトン・トマト,コミュニティ情報サイトのクレイグリストなど),②グローバル化のパラドックス(政治的多様性,貧困,伝統的文化の強化など),③クリエイティブ社会の時代(科学,芸術,専門サービスで働く右脳人間が社会で果たす役割が大き

くなってきていること），を指摘している。

そして，これらの変化に対して，協働マーケティング，文化マーケティング，スピリチュアル・マーケティングの3つのマーケティングが必要であって，この3つの融合がマーケティング3.0であると述べている。

協働マーケティングとは，似通った価値や欲求を持つ経済主体の協働活動を意味している。第一期には，マーケティングは取引志向で，どのようにして販売するかに焦点を当てていた。第二期には，関係志向になり，どのようにして

図表15-1　マーケティング1.0：2.0：3.0の比較

	マーケティング1.0 （製品中心の マーケティング）	マーケティング2.0 （消費者志向の マーケティング）	マーケティング3.0 （価値主導の マーケティング）
目的	製品を販売すること	消費者を満足させ，つなぎとめること	世界をよりよい場所にすること
可能にした力	産業革命	情報技術	ニューウェーブの技術
市場に対する企業の見方	物質的ニーズを持つマス購買者	マインドとハートを持つより洗練された消費者	マインドとハートと精神を持つ全人的存在
主なマーケティング・コンセプト	製品開発	差別化	価値
企業のマーケティング・ガイドライン	製品の説明	企業と製品のポジショニング	企業のミッション，ビジョン，価値
価値提案	機能的価値	機能的・感情的価値	機能的・感情的・精神的価値
消費者との交流	1対多数の取引	1対1の関係	多数対多数の協働

出所：コトラーほか（訳書）〔2010〕p.19。

顧客に継続購入させるかに主眼を置くようになった。第三期には，企業の製品開発やコミュニケーションに消費者を参加させる方向に移行しているのである。したがって，協働マーケティングでは共創がキーワードの1つになる。

　文化マーケティングとは，グローバル化の政治的パラドックスやグローバル化の経済的パラドックスやグローバル化の社会文化的パラドックスの中で，グローバル市民の関心や欲求（貧困，不公正，環境の持続可能性，地域社会に対する責任，社会的目的など）に応えるアプローチであるから，自社の事業に関係のあるコミュニティの問題を理解する必要がある。そのため，貧困解消のためのマーケティングや環境維持のためのマーケティングは，文化マーケティングに含まれる。

　スピリチュアル・マーケティングとは，人間の最も重要な欲求として，精神的欲求が生存欲求にますます取って代わりつつあることを十分に認識して，企業が人間の幸福にどのように貢献していくかを明確にすることである。この企業の考え方と行動を消費者が認識すれば，利益は自ずとついてくる。これが企業の視点から見たスピリチュアル・マーケティング，すなわち精神に訴えるマーケティングである。

(2) 企業のミッション，ビジョン，価値のマーケティング

　これからのマーケティングは，人間のマインド（独自の思考や分析を行える）とハート（感情を感じることができる）と精神（魂，その人がその人であることの核）に訴えていかないといけない。そのためには，彼らの不安・欲求を特定化する必要がある。そして，彼らの社会を，また世界全体をよりよい場所に，理想的な場所にしたいという思いと同じ夢を企業が持ち，世界に違いを生み出す必要がある。

　そのためには，社会貢献を企業のミッション（その企業の存在理由）やビジョン（未来を生み出すためのもの，どのような企業になり，何を達成したいかを説明するもの）や価値（企業組織としての行動規範，企業が何を大切にしているのかを言い表すもの）に組み込むのが最も良い方法である。したがって，マー

ケティング 3.0 は，企業のミッションやビジョンや価値に組み込まれた意味をマーケティングすることでもあると述べられている。

このマーケティング 3.0 の戦略として，「消費者に対するミッションのマーケティング」「社員に対する価値のマーケティング」「チャネル・パートナーに対する価値のマーケティング」「株主に対するビジョンのマーケティング」が説明されている。

消費者に企業や製品のミッションをマーケティングするためには，企業は変化と言うミッションを掲げ，それを軸に感動的なストーリーを築き，ミッションの達成に消費者を参加させる必要があり，同時に，消費者にミッションをマーケティングする際の原則は 3 つあると述べられている。それは，普通ではないビジネス，人々を感動させるストーリー，顧客エンパワーメントであると主張している。

社員に対する価値のマーケティングでは，中核的価値（社員の行動を導く真の企業文化＝共有価値）を問題にしている。そして，共有価値は，企業文化の半分で，残りの半分は社員の共通の行動であると考えられている。企業文化を築くとは，共有価値と共通の行動を一致させるということである。

チャネル・パートナーに対する価値のマーケティングでは，チャネル・パートナーの選定には目的・アイデンティティ・価値を鏡映しにするプロセスが必要であって，企業は自社と全く同じ目的・アイデンティティ・価値をもつパートナーを選ぶ必要があると述べている。しかし，小売業が業態別にみると寡占化傾向にある現在，そのようなパートナーがいなかったらどうするのか。企業の選択肢は限定されているように考えられるがその点についての論述はない。

株主に対するビジョンのマーケティングでは，企業のビジョンは持続可能性という概念を包含していなければならない。その概念が長期的な競争優位性を決定づけるからだ。ビジネス環境の変化，とりわけ市場の二極化と資源の不足は，持続可能性の重要度がますます高まる大きな要因であると指摘している。

(3) マーケティング3.0の10原則

最後に，マーケティング3.0の10原則を次のように指摘している。

原則1：顧客を愛し，競争相手を敬うこと（顧客を愛するとは大きな価値を与え，彼らの感情や精神を感動させることによって，顧客のロイヤルティを勝ち取るということ）。

原則2：変化を敏感にとらえ，積極的な変化をすること。

原則3：評判を守り，何者であるかを明確にすること（価値を明確にし，決して放棄しないこと）。

原則4：製品から最も便益を得られる顧客を狙うこと（これはセグメンテーションの原則である）。

原則5：手頃なパッケージの製品を公正価格で提供すること。

原則6：自社製品をいつでも入手できるようにすること。

原則7：顧客を獲得し，つなぎとめ，成長させること（顧客を生涯にわたる顧客とみなそう）。

原則8：事業はすべて「サービス業」であると考えること（どのような事業を行っている企業でも，顧客に奉仕したいという気持ちを持たなければならない，あらゆる製品がサービスを遂行するのだから，あらゆる企業がサービス業である）。

原則9：QCD（品質，コスト，納期）のビジネス・プロセスの改善をすること（顧客や供給業者や流通パートナーに対する約束は必ず守らないといけない，品質・納期・価格に関して嘘やごまかしは決して行ってはいけない）。

原則10：情報を集め，知恵を使って最終決定すること（絶えず学び続ける必要性がある）。

3. マーケティングと価値の統合

(1) エシカル消費,企業の社会貢献,マーケティング3.0

　第1節で述べた最近の消費者と企業活動の動向は,第2節で概説したマーケティング3.0とどのように関係しているのかをここで簡単に整理してみたい。

　企業の社会貢献活動として様々な事例を紹介したが,それらはマーケティング3.0の中では,「グローバル市民の関心や欲求（貧困,不公正,環境の持続可能性,地域社会に対する責任,社会的目的など）」に対応しており,エシカル消費にも対応する企業の文化マーケティングとして説明されている。

　また,「消費は自己表現であり,心でするものだから」という考えには,心=精神であって,正にそれは「スピリチュアル・マーケティング,すなわち精神に訴えるマーケティング」で対応していくことになる。

　また,「企業の社会貢献は事業の一部をなす」という動向に対応しているのが価値のマーケティングであって,その企業が何を大切にしているのかが改めて問われていると言える。

　このようにマーケティング3.0は,最近の消費者や企業活動の動向を上手に説明しており,それらをすべて包含している概念である。そのため,これからもマーケティング3.0は,いろいろな場面で参考にされることになると考えられる。

(2) マーケティングと価値の統合へ

　マーケティング3.0の中で,マーケティングと価値の関係には3つの発展段階があると紹介されている[8]。

　第1段階：マーケティングと価値が分離している。多くのビジネスピープル

が，マーケティングを行うには崇高な価値など必要ないと考えている。そのような価値があると，それを守るために余分なコストや制約がかかるだけだというのだ。

第2段階：企業は普通のやり方でマーケティングを行い，利益の一部を社会的ニーズのために寄付する。これを平衡状態とよぶ。

第3段階：企業は価値通りに行動しようとし，これらの価値が企業にパーソナリティと目的を与えることになる。マーケティングと価値との乖離は一切容認されない。これを統合の段階とよぶ。

現在の多くの大企業は，マーケティングと価値の第2段階にあるように考えられる。しかし，エシカル消費が普及し，正に消費者が「心で消費」し，消費者が企業よりもネットでの横のつながりを重視するのであれば，企業の価値がより重要となる。

たとえば，利益第一の小売企業と常に社会貢献（地域貢献や環境保護活動など）を考えて実践してきている小売企業のどちらで消費者は，同じような商品を購入するようになるのだろうか。顧客志向のメーカーの商品と特定の社会貢献に継続的に力を入れているメーカーの同じような商品のどちらを消費者は購入するようになるのだろうか。

これからはマーケティングと価値の統合の時代に向かうと考えられるが，そのスピードの違いは，結局，消費者の商品やサービスの選択に依存している。

【課題レポート】

① ビジネスによって世界の貧困は解消できると思うか。A4（40字×30行）10枚程度（表紙・目次・参考文献一覧を除く）でまとめなさい。

【復習問題】

① マーケティング3.0は，3つのマーケティングによって構成されている。その3つのマーケティングの内容について，簡潔に述べなさい。
② マーケティングと価値の関係の3段階説について説明しなさい。

<注>

1) 「私の買い物支援の一歩」『日本経済新聞』2009年4月18日号及び「買い物大義で選ぶ」『日経MJ』2009年8月5日号。
2) 「大切なのは家族46％」『日本経済新聞』2009年7月17日号。
3) エシカルの概念及びエシカル消費については,石鍋仁美「エシカル消費の台頭(上)(中)(下)」『日経MJ』2010年9月6日号,10月4日号,11月1日号に依拠している。
4) 「商品,改善より創造を,糸井重里さん,震災後の消費を語る」『日経MJ』2011年4月20日号。
5) 「ソーシャルマーケティング宣言」『日経MJ』2012年1月1日号。
6) 「ソーシャルマーケティング宣言―消費者調査から,関心は身近な問題」『日経MJ』2012年1月1日号。
7) この節は,コトラーほか(訳書)〔2010〕に依拠している。
8) コトラーほか(訳書)〔2010〕p.242。

<参考文献>

フィリップ・コトラー,ヘルマワン・カルタジャヤ,イワン・セティアワン(恩藏直人監訳,藤井清美訳)〔2010〕『コトラーのマーケティング3.0』朝日新聞出版。

索 引

― 和文事項索引 ―

〔あ行〕

アメリカマーケティング協会 …………… 6
アンケート調査 ………………… 66, 134

一次データ ………………… 58, 59, 61
イノベーター …………………………… 98
因子分析 ………………………………… 71
インターナル・マーケティング ……… 192
インターネット ……………… 119, 126, 141
インターネット・マーケティング ……… 201
インターネット調査 …………………… 70

ウェブ・サイト ……………… 141, 145, 146
ウェブ・マーケティング ………… 144, 145
売上高比率法 ………………………… 132
上澄吸収価格戦略 …………………… 115

エシカル消費 ………………… 212, 214
S-R モデル ……………………… 44, 45
S-O-R モデル …………………………… 45
STP 戦略 ……………………………… 86
エブリデー・ロー・プライス戦略 …… 114
延期型 ………………………………… 171

オープン価格制 ……………………… 115
オピニオンリーダー …………………… 99
オンラインショッピング ……………… 130

〔か行〕

外部環境要因 ………………………… 31
開閉基準 ……………………………… 159
買回品 ………………………………… 92
快楽消費研究 ………………… 49, 50, 51
価格カルテル ………………………… 116
価格競争への対応 …………………… 118
価格戦略 ……………………………… 112
価格における問題 …………………… 116
価格の決定方法 ……………………… 109
価格の重要性 ………………………… 108
カタログ・マーケティング …………… 130
価値共創 ……………………………… 54
価値創造過程 ………………………… 8

価値のマーケティング ……………… 220
カテゴリー・マネジメント …………… 164
カテゴリー拡張 ……………………… 95
観察調査 ……………………………… 63
慣習価格戦略 ………………………… 112
間接流通 ……………………………… 154

機会主義的行動 ……………………… 155
企業の外部環境 ……………………… 80
企業の社会的責任 …………………… 215
企業の内部環境 ……………………… 84
企業目標 ……………………………… 81
企業理念 ……………………………… 80
機能的陳腐化 ………………………… 99
競合・代替関係 ……………………… 117
競合企業対抗法 ……………………… 133
競争戦略 ……………………………… 34
協働マーケティング ………………… 219
均一価格戦略 ………………………… 113

口コミ ………………………………… 130
クラスター分析 ……………………… 71
グループインタビュー ………………… 65

経営戦略 ………………………… 16, 17
計画的陳腐化 ………………………… 99
経験価値マーケティング …… 49, 51, 52, 53
限定合理性 …………………………… 155

広狭基準 ……………………………… 158
広告 …………………………………… 124
広告出稿量 …………………………… 134
高集中度販路 ………………… 156, 157
構造的陳腐化 ………………………… 99
購買意思決定 ………………………… 44
広報 …………………………………… 128
　――活動 …………………………… 134
コーズ・リレーテッド・マーケティング … 214
顧客関係管理 ………………………… 201
顧客志向 …………………………… 3, 12
顧客情報管理 ………………………… 130
顧客と競合他社に関する分析 ……… 32
顧客満足 ……………………… 190, 191, 194
国際化 ………………………………… 135

国際プロモーション ……………………… 136
コストリーダーシップ戦略 ……………… 35
御用聞き …………………………………… 201
コンジョイント分析 ……………………… 71

〔さ行〕

サービス …………………………………… 92
サービス・ドミナント・ロジック ……… 54
サービス・トライアングル ……………… 192
サービス・マーケティングの7P ………… 188
サービス・マネジメント・システム … 194, 195
差異化戦略 ………………………………… 36
サイコグラフィック変数 ………………… 25
再販売価格維持契約 ……………………… 115
雑誌 ………………………………………… 125
サプライチェーン・マネジメント ……… 178

刺激反応型モデル ………………………… 44
支出予算額可能法 ………………………… 133
市場細分化 ……………………… 25, 26, 86
市場地位別戦略 …………………………… 37
実査 ………………………… 59, 61, 66, 67, 68
質的データ ………………………………… 61
社会志向 …………………………………… 3
重回帰分析 ………………………………… 71
集客ツール …………………………… 145, 146
従業員満足 …………………………… 192, 194
集中化戦略 ………………………………… 36
需要の価格弾力性 ………………………… 111
消費経験論 ………………………………… 49
消費者 ……………………………………… 42
消費者行動研究 …………………………… 42
消費者情報処理モデル ……………… 45, 47, 49
消滅性 ……………………………………… 186
ショートライン政策 ……………………… 93
新製品開発 ………………………………… 95
深層面接法 ………………… 60, 61, 62, 64, 65, 66
人的販売 ……………………………… 124, 129
浸透価格戦略 ……………………………… 116
新ブランド ………………………………… 95
新聞 ………………………………………… 125
心理的陳腐化 ……………………………… 100

衰退期 ……………………………………… 101
SWOT分析 ………………………………… 33
スピリチュアル・マーケティング
　………………………………… 219, 220, 223

生産・製品志向 …………………………… 3
生産志向 …………………………………… 11
生産と消費の同時性 ……………………… 185
成熟期 ……………………………………… 101
成長期 ……………………………………… 100
製販連携 ……………………………… 164, 165
製品 …………………………………… 90, 92
製品志向 …………………………………… 12
製品戦略 …………………………………… 90
製品ミックス ……………………………… 93
製品ライフサイクル ……………………… 100
製品ライン ………………………………… 93
精緻化見込モデル ………………………… 48
セールス・プロモーション ………… 124, 127
専門品 ……………………………………… 92
戦略 ………………………………………… 16
　──策定 ……………………………… 16
戦略的マーケティング …………… 21, 29, 30

ソーシャル・マーケティング志向 …… 3, 12
損益分岐点 ………………………………… 109

〔た行〕

ダイレクト・マーケティング
　………………………… 130, 200, 203, 204
抱き合わせ（バンドル）販売 …………… 116
タスク環境分析 …………………………… 32
建値制 ………………………………… 114, 163
多頻度少量配送 ……………… 172, 177, 178
　──システム ………………………… 175

チャネル・デザイン ………………… 158, 159
チャネル・リーダー ……………………… 160
チャレンジャーの戦略 …………………… 38
調達物流システム構築 …………………… 174
長短基準 …………………………………… 158
直接流通 …………………………………… 154

低集中度販路 ………………………… 156, 157
定性調査 …………………………… 61, 62, 63, 72
定量調査 …………………………… 63, 66, 68, 72
　──の目的 …………………………… 66
データベース・マーケティング ……… 201, 203
テスト・マーケティング ………………… 37
デマンドチェーン・マネジメント ……… 179
デモグラフィック変数 …………………… 25
テレビ ……………………………………… 125
テレ・マーケティング …………………… 130

店頭プロモーション活動 ………………… 134

投機型 ……………………………………… 171
統合型マーケティング・コミュニケーション
　………………………………………… 133, 134
導入期 ……………………………………… 100
取引依存度 ………………………………… 162
取引コスト ………………………………… 155

〔な行〕

内部環境分析 ………………………………… 33

二次データ ……………………… 58, 60, 61
二重価格表示 ……………………………… 116
ニッチャーの戦略 ………………………… 39

〔は行〕

バーチャル世界 …………………………… 140
ハイ＆ロー・プライス戦略 …………… 114
端数価格戦略 ……………………………… 112
パブリシティ ……………………………… 128
パブリック・リレーションズ ……… 124, 128
パワー ……………………………………… 162
ハワード＝シェスモデル ………………… 46
販売員 ……………………………………… 129
販売志向 …………………………………… 3, 12
判別分析 …………………………………… 71

PDCAサイクル …………………………… 84
非均質性 …………………………………… 185
非探索品 ……………………………………… 92
標的市場 ……………………………………… 26
　──の設定 ……………………………… 24
フィジカル・エビデンス ………… 188, 189
フェアトレード …………………………… 212
　──商品 ………………………………… 212
フォロー・マーケティング …………… 145
フォロワーの戦略 ………………………… 39
普及理論 ……………………………………… 98
プッシュ …………………………………… 133
物流 ………………………………………… 168
　──管理 ………………………………… 169
プライベート・ブランド ……………… 165
ブランド …………………………………… 102
ブランド・ロイヤルティ ……………… 102
ブランド管理 ……………………………… 104

ブランド戦略 ……………………… 102, 134
フリークエント・ショッパーズ・プログラム
　…………………………………………… 207
プル ………………………………………… 133
フルライン政策 …………………………… 93
プロモーション・ツール ……………… 124
プロモーション・ミックス …………… 132
文化マーケティング ……………… 219, 220
米国広告業協会 …………………………… 134

PEST分析 …………………………………… 31
ベネフィット ……………………………… 90

〔ま行〕

マーケティング・コンセプト …… 3, 10, 11
マーケティング・チャネル戦略 ……… 153
マーケティング・ツール …………… 76, 77
マーケティング・マネジメント … 30, 75, 76, 77
マーケティング・ミックス …………… 84, 87
マーケティング・リサーチ ……………… 58
マーケティング3.0 ……………………… 218
　──の10原則 ………………………… 222
マーケティング計画 ……………………… 78
マーケティング戦略 ……………………… 19
マーケティング仲介業者 ………………… 81
マーケティングの定義 …………………… 6
マーケティング目標 ……………………… 85
マーケティング要素展開戦略 …………… 19
マイレージ・サービス ………………… 205
マイレージ・サービスプログラム …… 204
マクロ環境分析 …………………………… 31
マクロ環境要因 …………………………… 82
マス・マーケティング ………………… 147
窓口問屋制度 ……………………………… 177
マネジリアル・マーケティング戦略 ……… 20
マルチブランド …………………………… 95

見切価格戦略 ……………………………… 114
ミクロ環境要因 …………………………… 81

無形性 …………………………… 184, 185, 190

名声価格戦略 ……………………………… 114

目標課題法 ………………………………… 133
最寄品 ……………………………………… 92

〔や行〕

有形性 …………………………… 184

4M …………………………………… 84
4大マスメディア ………………… 126
4P …………………………………… 87

〔ら行〕

ライン拡張 ………………………… 94
ラジオ ……………………………… 125

リーダーの戦略 …………………… 38
リードタイム ………………… 175, 177
リベート …………………………… 163
流通チャネル ………………… 42, 128
量的データ ………………………… 61

ロイヤルティ ……………………… 102

〔わ行〕

ワン・ツー・ワン・マーケティング … 147, 203

― 欧文事項索引 ―

AMA ………………………………… 6, 76

CRM ………………………………… 201
CRP ………………………………… 180
CSR ………………………………… 215

ES：Employee Satisfaction ……… 194
Everyday Low Price：EDLP …… 114

High And Low Price …………… 114

JMA …………………………………… 9

NB …………………………………… 103

PB …………………………………… 103
Physical Evidence …………… 188, 189
POP ………………………………… 125

QCD ………………………………… 84

R&D ………………………………… 94

SCM …………………………… 178, 179
SNS …………………………… 140, 202
SPS ………………………………… 177

― 人名索引 ―

伊丹敬之 …………………………… 17
大津真一 …………………………… 53

ケリー，E. J. ……………………… 20
コトラー，フィリップ ………… 6, 37

嶋口充輝 …………………………… 17

長沢伸也 …………………………… 53

ハワード，J. A. …………………… 77

ペパーズ，ドン ………………… 147
ポーター，マイケル ………… 34, 37
堀内圭子 …………………………… 50

マッカーシー，E. J. ……………… 77

レイザー，W. ………………… 20, 90
ロジャーズ，マーサ ………… 98, 147

ワンダーマン，レスター …… 200, 201

《編著者紹介》

菊池　宏之（きくち・ひろゆき）

　1958年4月茨城県生まれ。日本大学農獣医学部（現生物資源科学部）卒業後，政府系事業団，流通政策研究所，公益財団法人流通経済研究所，目白大学経営学部准教授・教授を経て東洋大学経営学部教授。その間，東京経済大学大学院経営学研究科，千葉大学大学院自然科学研究科にて学位(博士(学術))取得。
　現在，東洋大学経営学部教授。流通戦略論専攻。
　主著：『中間流通のダイナミックス』（共著）創風社，2011年。
　　　　『人的資源管理と組織設計』（共著）冨山房インターナショナル，2009年。
　　　　「小売主導型流通システムへの転換と中間流通」『マーケティングジャーナル』vol.121，社団法人日本マーケティング協会，2011年。

平成25年9月25日　初版発行　　　　　　《検印省略》
　　　　　　　　　　　　　　　　　略称：菊池マーケ

現代マーケティング入門

　　　　著　者　　ⓒ菊　池　宏　之
　　　　発行者　　　中　島　治　久

発行所　　同文舘出版株式会社
　東京都千代田区神田神保町1-41　〒101-0051
　電話　営業(03)3294-1801　編集(03)3294-1803
　振替 00100-8-42935　http://www.dobunkan.co.jp

Printed in Japan 2013　　　　　印刷：萩原印刷
　　　　　　　　　　　　　　　製本：萩原印刷

ISBN 978-4-495-64621-9